Arno Stahl

<u>Tee am Kilimandscharo</u>

Arno Stahl

Tee am Kilimandscharo

Ein Reise- und Erfahrungsbericht mit
vielen persönlichen Eindrücken

Über die Lemosho-Route zum Uhuru Peak

FSC
www.fsc.org
MIX
Papier aus ver-
antwortungsvollen
Quellen
Paper from
responsible sources
FSC® C105338

Impressum:

Bibliografische Information der Deutschen Nationalbibliothek:
Die Deutsche Nationalbibliothek verzeichnet diese Publikation
in der Deutschen Nationalbibliografie; detaillierte
bibliografische Daten sind im Internet über http://dnb.dnb.de
abrufbar.

Herstellung und Verlag: BoD – Books on Demand,
Norderstedt

ISBN: 978 3 753 42718 8

Für meine
Familie

Inhalt:

Vorwort

Ich hatte einen Traum! Es sollte kein Traum bleiben!

Ein großer Teetrinker war ich noch nie. Nur beim Anflug einer Erkältung oder einer Magenverstimmung flößte ich mir manchmal einen heißen Pfefferminztee - oder im schlimmsten Fall Kamillentee - ein. Mit einem Spritzer gutem, braunem Jamaica-Rum übrigens gar nicht so schlecht. Zum Glück bin ich nicht so oft erkältet. Guter Kaffee ist mir auf jeden Fall lieber. Schwarz und schön heiß muss er sein. Und aus frisch gemahlenen Bohnen natürlich. So wie man ihn aus Italien kennt. Italien, ja das Schöne warme Italien. Wär ich mal lieber nach Italien gefahren...

... mit beiden Händen umfasse ich meine blecherne Tasse. Die Handschuhe lass ich lieber an. Meine Finger sind trotz Handschuhen eisig kalt. Im Schein meiner Stirnlampe sehe ich den Tee noch etwas dampfen. Nur langsam dringt das bisschen Wärme aus der Blechtasse zu meinen Fingern durch. Es ist so windig das der Duft des Tees erst gar nicht bei meiner Nase ankommt. Egal, Hauptsache ich habe was Heißes. Aber da musst du schnell sein. Immerhin befinde ich mich momentan in einer Höhe von gut 5000 Metern über NN. Da wird selbst der heißeste Tee schnell zum Eistee. Es ist halb drei Uhr morgens und Stockdunkel. Ich sitze auf einem Stein und der eisige Wind bringt ein paar Schneeflocken mit.

Ach ja, ich vergaß zu erwähnen das ich gerade dabei bin den Gipfel des Mount Kilimandscharo zu erklimmen. Heute ist Sonntag, der 29. Januar 2017. Seit einer Woche bin ich nun unterwegs. Ich kann es immer noch nicht glauben dass ich wirklich jetzt hier oben bin. Doch mich friert – also ist es wahr.

Diese Geschichte beginnt aber nicht erst vor einer Woche. Sondern eigentlich schon vor über vierzig Jahren. Wir hatten zu Hause - wie Anfang der 1970er Jahre durchaus normal - einen Schwarzweiß Fernseher. Dieser hatte vier Programmtasten. Welch Luxus, gab es doch seinerzeit nur drei Programme! Egal. Und der kleinste im Familienkreise -

das war ich – ersetzte meist die fehlende Fernbedienung. Jedenfalls lief da eines Sonntags nachmittags dieser eine Film, ein alter, langweiliger Schinken. Ich habe bis heute keine Ahnung wie dieser Film hieß und schaute auch nur desinteressiert zu – nur um eben `Fern zu sehen`. Und da sah ich zum ersten Mal diesen seltsamen Berg, mit der weißen Schneemütze. Mitten im heißen Afrika. Wie kann das sein das da unten die Landschaft einer Wüste gleicht während da oben Schnee liegt? So etwas konnte ich mir damals – als etwa siebenjähriges Dorfkind – nicht vorstellen!

Dies war mein erstes Zusammentreffen mit dem Kilimandscharo. Den Namen des Berges kannte ich aber damals noch nicht. Einige Jahre später – wir hatten nun Farbfernsehen incl. Fernbedienung – lief irgendwann eine Reportage über Afrikas Tierwelt. Und dabei sah ich wieder diesen prächtigen, schneebedeckten, offenbar riesigen Berg und hörte nun erstmals auch dessen Namen: Mount Kilimandscharo. Nun war meine Neugierde endgültig geweckt worden. Und ich wusste: Da will ich irgendwann hin! Jugendträume, Spinnereien die man sich halt vorstellt ohne groß darüber nach zu denken! Mein Wissen was Berge bzw. Gebirge angeht tendierte zum damaligen Zeitpunkt aber gegen Null. Im Erdkundeunterricht nahmen wir zwar die Vulkane durch. Doch ich wusste da ja noch nicht dass der Kilimandscharo ein erloschener Vulkan ist.

Ich musste – oder wollte – einfach mehr über diesen für mich rätselhaften Berg mit dem wohlklingenden Namen „Kilimandscharo" erfahren. Nun muss man wissen welche eingeschränkten Möglichkeiten es damals im Vergleich zu heute hierfür gab. Gibt man heute bei Google den Suchbegriff „Kilimanjaro" ein, bekommt man ca. 18 Mio. (!) Ergebnisse angezeigt. Zugleich erhält man Literaturvorschläge in jeglicher Art und Form sowie Hunderttausende Fotos oder Videos. Drei bis fünf Mouse-Clicks und ein gewünschtes Buch wäre schon bestellt und man hätte es spätestens übermorgen im Postkasten. Doch damals gab´s diese Möglichkeiten nicht. Erste Anlaufstelle war unsere katholische Pfarrbücherei in meinem Heimatort. Doch leider Fehlanzeige.

Also setzte ich mich irgendwann – ich war nun fünfzehn, vielleicht sechzehn – einfach nach der Schule aufs Fahrrad und machte eine Tour nach Weiden in die regional bekannte Buchhandlung Gollwitzer. Aufgeregt, fast andächtig, fragte ich dort nach einem Buch über den Kilimandscharo. Der Buchverkäufer wälzte eine riesige dicke Liste mit Buchtiteln lange hin und her – wurde aber darin nicht fündig. Der Seniorchef, ein Mann mit weißem Haar, in tadellosem Streifenanzug und einem noch tadelloserem Krawattenknoten, welcher mein Anliegen mitgehört hatte, schritt nun selbst zur Tat. Auf seine Frage: *„In welchem Land liegt der?"* stammelte ich unwissend und gleichzeitig fragend nur: *„...A - Afrika"!?* *„Sicher Kenia"*, erwiderte er. Gollwitzer sen. recherchierte nun still in einem dicken Afrika-Buch. Ich wartete gespannt zwischen den meterhohen Bücherregalen. Endlich hatte er die Lösung: *„... in Tansania, ja wirklich Tansania, nicht Kenia"*. Ich selbst brachte nur ein erstauntes *„... Aha"* heraus. Tatsächlich aber fand er nun, nach langer Suche, hoch oben in dem überdimensionalen Bücherregal, nur mit der Leiter erreichbar, ein Buch über den Kilimandscharo. Es war nur ein kleines Taschenbuch mit viel Text und ein paar wenigen bunten Bildseiten in seiner Mitte. *„18 Mark und 80 bitte"*. Wahrlich ein stolzer Preis für die damalige Zeit, zumal ich auch nur einen einzigen zwanziger dabei hatte. Und endlich hatte ich mein eigenes Buch über den Mount Kilimandscharo. Stolz packte ich es, mit einer Plastiktüte umwickelt, auf den Gepäckträger. Ich blickte während der Heimfahrt gewiss mindestens alle Hundert Meter einmal nach hinten, um sicher zu gehen dass sich die `Reliquie` noch auf dem Gepäckträger meines klapprigen Fahrrades befand.

Nach dem Studium des Buches war ich allerdings eher ernüchtert, ich glaube sogar enttäuscht. Von unwirtlichen Vulkanlandschaften, von Wolkenbrüchen, Kälte und Schnee, von wilden Tieren und sonstigen Gefahren, von mir unbekannten Krankheiten und gar bösen Geistern war da die Rede. Kein Wort von der Schönheit des Berges, den roten Sonnenuntergängen, den schimmernden, silberglänzenden Gletschern. Mein Traum den Kilimandscharo zu besuchen trat im Laufe meiner Jugend erst einmal in den Hintergrund. Andere Interessen taten sich auf. Schulabschluss, Ausbildung, Bundeswehr, Hauskauf, Familiengründung und zahlreiche Hobbys ließen keinen Platz für eine solche Unternehmung. Erst vor ca. fünf Jahren - also ungefähr ab 2012 – erinnerte ich mich an meinen Jugendtraum und die Sehnsucht nach dem Berg lebte wieder auf.

Und nun bin ich wirklich hier, blicke nach oben. Sehe hunderte Lichter der Stirnlampen derer die vor mir in einer langen Schlange langsam dem Gipfel entgegen stapfen. Ich sehe Millionen Sterne am afrikanischen Nachthimmel. Werde ich es bis zum Gipfel schaffen?

Farbenprächtiger Sonnenaufgang hinter dem dunklen Mawenzi. Nach einer eisigen schwarzen Nacht gibt uns die Sonne nun wieder Kraft weiter in Richtung Gipfel zu gehen.

„Da Bou mou dou wos da Bou dou mou" (*) - Die Vorbereitungen

(* in Hochdeutsch: „Der Bub muss tun was der Bub tun muss")

Nach all den Jahren reifte nun der Entschluss in mir, wirklich einmal eine Reise zum Kilimandscharo zu machen. Wohl bemerkt, ich wollte nur nach Tansania oder Kenia reisen um den Berg zu sehen. Wie auf den, mir seit meiner Kindheit bekannten Bildern, mit den Elefanten und Giraffen in der heißen Savanne und dahinter der riesige Berg mit seiner weißen Gletschermütze. An eine Besteigung dachte ich wirklich überhaupt nicht. Irgendwann stieß ich im Internet auf einen Reisebericht über eine Besteigung des Kilimandscharo. Von 20.000 und mehr Besteigungen pro Jahr war dort die Rede. Mit den notwendigen Bergführen und Gepäckträgern sollen sich sogar ca. 300.000 Menschen pro Jahr am Kilimandscharo bewegen.

Ich freundete mich seitdem immer mehr mit dem Gedanken an den Berg auch zu besteigen. Wenn 20.000 andere dies schaffen, dann könnte ich das doch auch? Tatsache war es nämlich dass ich mich seit dem Jahr 2010 regelmäßig in Form von Walken und Radfahren „bewegte". Und ich kann von mir sagen dass ich mit 45 Jahren fitter war als mit 25 - und mit fast 50 noch fitter als mit 40! Die Fahrrad- und Wandertouren wurden immer länger. Ich hatte eine gute Kondition. So das ich nach und nach auch mit dem Bergwandern anfing.

2016: Tour auf den 2086 Meter hohen Krottenkopf bei Garmisch. Ein Sonnenaufgang auf einem Alpengipfel ist immer wieder ein „Highlight" – im wahrsten Sinne des Wortes.

2015: Ausblick von der Kampenwand (1664 Meter)

Das Internet war mir während der Vorbereitungsphase ein ständiger Begleiter und Ratgeber. Hier findet man wirklich alles was man über eine Reise zum Kilimandscharo wissen muss. Erfahrungs- und Reiseberichte, Tipps, Reisebestimmungen. Persönliche Erlebnisse – positiv und negativ. Irgendwann – könnte ca. 2014 gewesen sein – informierte ich mich wieder einmal im Netz über den Kilimandscharo. Und dort las ich von einem achtzigjährigen der den Berg bestiegen hat. Na dann sollte es doch für mich auch nicht unmöglich sein? Und da mein fünfzigster nun schon in Reichweite war, gefiel mir meine Idee diesen besonderen runden Geburtstag, auf dem Gipfel des Kilimandscharo zu verbringen. Die Recherchen zeigten dass dies vom Timing her möglich war, da täglich Reisegruppen zur Besteigung aufbrechen. Die Idee gefiel mir immer besser so dass dann irgendwann der tatsächliche innerliche Entschluss dazu folgte.

Ende 2015 wurden mein Plan dann konkret. Am 1. Mai 2017 wollte ich auf dem Gipfel – dem Uhuru Peak - stehen. Nun ist es aber so dass es am Kilimandscharo zwei Regenzeiten gibt. Eine „große" von März bis Juni und eine etwas regenärmere von Oktober bis Dezember. Ausgerechnet Anfang Mai erreicht die Regenzeit mit durchschnittlich zwanzig Regentagen im Monat ihren Höhepunkt. Die Wahrscheinlichkeit zu meinem Fünfzigsten schönes Wetter bzw. gute Sicht zu haben war also verschwindend gering. In älterer Literatur kann man von Zeiten lesen in denen es zwei Wochen lang ohne Pause regnete! Beim Stamm der Chagga kannte man deshalb wundertätige Männer, die durch verschiedenste Zeremonien und Zauber dafür sorgten dass der Regen endlich wieder aufhörte. Das Kilimandscharogebirge ist hoch! Regen und Schnee, Gewitter und Windstürme, Dauernebel und Wetterstürze sind häufig. In den Bergwäldern des Kilimandscharo, besonders auf den südlichen Routen, kann man täglich, egal zu welcher Jahreszeit, mit Regenschauern rechnen. Lediglich die nördliche Rongai-Route bleibt meist trocken. Allerdings gibt es dort dann auch fast kein frisches Wasser.

Während der Regenzeiten ist die Wahrscheinlichkeit sehr hoch das man den Gipfel aufgrund Schneeverwehungen oder vereister Routen gar nicht erreichen kann. Schneestürme können in der Gipfelzone so gewaltig sein das Lebensgefahr besteht. Möglich ist auch das man zwar den Gipfel erreicht aber dann aufgrund Meterhoher Verwehungen und vereister Pfade nicht mehr absteigen kann. Selbst erfahrene Bergsteiger mussten hier schon aufgeben. Ich las Berichte in dem die Teilnehmer die gesamte Tour im Nebel und Dauerregen bewältigten. Eine Woche nur dichter Nebel und Feuchtigkeit von früh bis spät. Kein farbenprächtiger Sonnenaufgang, keine Aussicht vom Gipfel. Dieses Szenario brauchte ich nicht. Wenn ich schon die Reise antrat, dann wollte ich auch etwas sehen. So entschied ich mich die Besteigung außerhalb der großen Regenzeiten zu machen. Die besten Monate sind Juli und August. Hier gibt es sehr wenige Wolken und man kann mit schönen Aussichten und gutem Wetter rechnen. Oder Januar und Februar. In diesen Monaten, wenn bei uns in Deutschland tiefster Winter herrscht, ist in Tansania praktisch Sommer. Die Durchschnittstemperatur in der Stadt Moshi liegt dann bei ca. 23 Grad. Ich entschied mich deshalb die Reise vorzuziehen auf den Januar 2017.

Eine Garantie für passendes Wetter gibt es aber nirgends auf der Welt. Schon gar nicht am Kilimandscharo. Unser Tansanischer Bergführer Daniel lehrte uns vor Beginn der Tour folgendes Sprichwort der Einheimischen: *„Das Wetter am Kilimandscharo ist ein Chamäleon"!* Dies durften wir während der Tour mehrfach sehr eindrucksvoll erleben.

2016: Am Watzmann-Hocheck (2650 Meter)

Die Jahre 2015 und 2016 standen, was mein Training anbetraf, ganz im Zeichen der immer näher kommenden Kilimandscharo-Tour. Mindestens dreimal pro Woche zwei Stunden walken. An den Wochenenden, je nach Lust und Laune, machte ich oft Wanderungen auf die Gipfel im nahen Fichtelgebirge. Ich unternahm auch zahlreiche Bergtouren im Voralpenland, wohlgemerkt nur Wandertouren, keine Klettertouren. Einzige Ausnahme mit ein bisschen Klettereinsatz war das Watzmann-Hocheck. Allen Kilimandscharo-Interessierten empfehle ich in jedem Fall vorher ausreichend Bergtouren zu unternehmen. Es ist nämlich ein riesiger Unterschied ob man nur im Flachland dahinwandert oder eine Tour auf einen 1500er oder 2000er Alpengipfel unternimmt. Ganz andere Muskeln werden dabei beansprucht. Dies hat mir persönlich sehr viel gebracht. Zwar gibt es auf den normalen Touristenrouten am Kilimandscharo keine schwierigen Kletterpassagen – wie zum Beispiel am Watzmann – trotzdem bringt das sehr viel in Sachen Kondition und Trittsicherheit.

Vom Kulm zum Kilimandscharo

Der „Rauhe Kulm", mein Hausberg und ein richtiger „Kraftberg", war mein „kleiner" aber „feiner" Trainingsberg vor Ort. Irgendwann habe ich aufgehört zu zählen wie oft ich den Basaltkegel in den Jahren 2015 und 2016 hinauf gelaufen bin. Im Aussichtsturm übte ich mich oftmals auch im Treppenlauf. Dies kann ich als Konditions- und Beinmuskeltraining nur wärmstens empfehlen. Ich wurde oft gefragt und ich habe mich selber schon oft gefragt, ob es nicht irgendwann langweilig wird, immer wieder auf denselben Berg zu steigen. Die Antwort ist aber ganz einfach, denn wenn es langweilig wäre hätte man doch schon lange damit aufgehört. Trotz der Tatsache dass man schon so oft oben war, gibt es doch immer wieder was Neues zu sehen bzw. zu entdecken. Dabei sind es meist nur Kleinigkeiten die große Emotionen auslösen können.

Was farbenprächtige Sonnenuntergänge anbetrifft braucht sich unser Kulm vor dem Kilimandscharo nicht zu verstecken.

„Wenn man immer ein kleines bisschen spinnt – so wie ich – dann kommt man leichter durchs Leben!" Ein bisschen „spinnen" muss man, oder vielleicht braucht´s nur etwas Fantasie wenn man meine beiden Lieblingsberge, Rauher Kulm und Kilimandscharo, miteinander vergleicht. Beide sind oder waren Vulkane. Beide stehen allein auf freier Fläche. Auf den Gipfeln herrschen rauhe Bedingungen. Eine große Ähnlichkeit besteht wenn man die beiden Berge aus der Ferne betrachtet. So sieht man den Kilimandscharo, mit seinen drei Hauptgipfeln dem Shira, Kibo und Mawenzi und das Kulmgebiet von der Kemnather Seite betrachtet mit dem Steinbruch bei Weha, dem großen Kulm und den Felsen des kleinen Kulms. Am Kulm gibt's natürlich keine Gletscher, doch im Winter kann er durchaus mit seiner verschneiten Spitze in Punkto Schönheit mit dem Kibo-Gipfel konkurrieren. Grundlegender Unterschied ist natürlich die Dimension der beiden Berge: Rauher Kulm 682 Meter vs. Kilimandscharo 5895 Meter! Der Kulm hat eine Ausdehnung in der Fläche von ca. 1,5 x 2 Kilometer und würde somit fast in den Gipfelkrater am Kibo passen.

Eines Tages, es war im Frühjahr 2016, während meiner abendlichen Walkingrunde kamen mir Zweifel über den Sinn meiner geplanten Afrikareise. Brauchte ich das wirklich? Sollte ich mir das wirklich antun? Allerhand Fragen gingen mir plötzlich durch den Kopf. Die Gefahren, die Kosten, usw. usw.! …. am nächsten Tag habe ich gebucht.

Der Rauhe Kulm – Mein Hausberg. An kalten Wintertagen eine besondere Pracht.

Tipp:
Ich habe die Reise über den Deutschen Alpenverein (D.A.V.-Summitclub) gebucht, welcher mit der Agentur K.A.T. (Kilimandscharo-Activ-Tour) in Moshi zusammenarbeitet. Sich erst vor Ort einen privaten Bergführer samt Trägern zu buchen ist riskant. Es gibt Geschichten wo diese „scheinbaren Bergführer" dann mit der kompletten Ausrüstung und natürlich mit dem Eintrittsgeld zum Nationalpark plötzlich verschwunden waren. Aber auch Touristen verschwinden hin und wieder auf unerklärliche Weise und tauchen auch nie mehr wieder auf. Dies ist aber kein spezifisches Kilimandscharo-Risiko. Den Kilimandscharo auf eigene Faust, also ohne erfahrenen Bergführer, zu erklimmen ist sowieso nicht möglich bzw. ist verboten.

Welche Route ist die richtige?

Mir war es von Anfang an wichtig dass ich, wenn ich schon diesen Aufwand betreibe, den Gipfel auch erreichen will. Eine Garantie dafür gibt es natürlich nicht. Selbst Erfahrene Bergsteiger mussten am Kilimandscharo schon umkehren. Ich kann nur davor warnen aus einer spontanen Laune heraus, ohne entsprechendes Training, „mal schnell einen Ausflug" auf den Kilimandscharo machen zu wollen. Die normale Touristenroute, die „Marangu-Route" - genannt „Coca-Cola-Route" - welche man sozusagen relativ schnell in einem Reisebüro buchen kann, sowie die „Rongai-Route" (Kenia-Route), kann man schon ab 5 bis 6 Tagen machen. In den Reisführern werden diese beiden Routen als „leicht" beschrieben. Einen Vergleich welche Route schwer oder leicht ist kann man aber meines Erachtens nur machen wenn man alle Routen auch mindestens einmal gegangen ist. Dann kann man die Schwierigkeit der Routen vergleichen. Ich meine, einen leichten Aufstieg auf einen fast 6.000 Meter hohen Berg gibt es nicht! Weil einige Routen als leicht eingestuft werden liegt nur daran das in den ersten Tagen die Strecke etwas flacher verläuft. Die finale Gipfeletappe hat in jedem Fall den gleichen Schwierigkeitsgrad, egal von wo man startet! Dies sollte jedem vorab klar sein.

Die anderen bekannten Routen „Umbwe"- und „Machame-Route" (Whiskey-Route), werden als mittelschwer bis schwer beschrieben, da hier auch vor der Gipfelbesteigung bereits steile Passagen und Anstiege zu meistern sind und somit auf jeden Fall die Akklimatisation zu kurz kommt. Die „Mweka-Route", der kürzeste Weg nach Moshi, ist wegen ihrer Steilheit derzeit sogar für den Aufstieg gesperrt und wird ausschließlich als Abstiegsroute verwendet. Es muss jeder für sich selbst festlegen was er sich zutraut. Ob man lieber in einer Hütte oder in einem Zelt übernachtet, könnte man als weiteres Auswahlkriterium für eine bestimmte Route hinzuziehen.

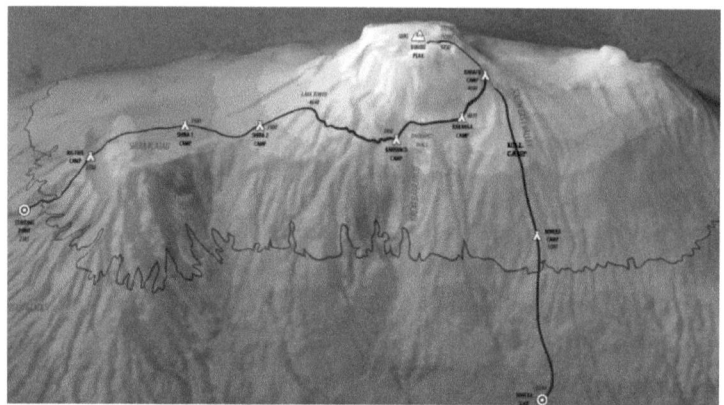

Verlauf der Lemosho-Route. Start ist links am „Lemosho-Gate", dann geht's „Pole Pole" zu den 6 Camps und dann hoch zum Gipfel. Der Abstieg erfolgt dann allerdings sehr schnell und nicht ganz so gemächlich, mit nur einer Camp-Übernachtung. Man geht praktisch die steile „Mweka-Route" innerhalb von nur eineinhalb Tagen rückwärts, also über 4000 Höhenmeter. Ende ist am „Mweka-Gate", rechts unten. (*2)

Ausschlaggebend für meine Wahl der „Lemosho-Route" war die Erfolgsstatistik. Über die Lemosho-Route erreichen über 90% den Gipfel. Bei der „Marangu-Route" liegt die Erfolgsquote bei gerade mal 50%. Bei der Lemosho-Route ist man 8 Tage, mit 7 Zeltübernachtungen, unterwegs. Somit hat man gut zwei Tage mehr um sich zu akklimatisieren. Zudem bewegt man sich praktisch ab dem dritten Tag ausschließlich oberhalb von 4000 Metern, steigt mehrmals auf über 4500 Meter auf und schläft dann wieder auf etwa 4000 Metern. Ein ideales Akklimatisationstraining.

Wie Gefährlich ist eine Kilimandscharo-Besteigung?

Im Grunde ist eine Besteigung, über die vorgenannten Routen, nicht gefährlicher als jede andere Bergtour auch. Bei den normalen Routen ist jedenfalls keine Klettererfahrung notwendig. Ein Bergunfall kann immer und überall passieren, egal auf welchen Berg man wandert oder steigt. Natürlich passieren am Kilimandscharo ständig Unfälle. Im Schnitt sollen Jährlich etwa 20 Personen (Touristen) am Berg umkommen. Diese versterben aber zu 90% an der Höhenkrankheit oder deren Folgen aufgrund fehlender Akklimatisation. Pessimistische Schätzungen sagen dass derzeit einer von tausend Bergwanderern den Aufstieg mit dem Leben bezahlt. Tödliche Abstürze sind selten, dies ist eher bei den Trägern der Fall. Auch zahlreiche Träger verunglücken nämlich am Berg, welche von Existenzangst getrieben sich ohne jegliche Vorkenntnisse der Gefahr der Höhe aussetzen. Offizielle Zahlen darüber findet man aber nicht, um damit die Touristen nicht abzuschrecken. Ein wichtiger Wirtschaftsfaktor würde sonst Schaden leiden. Daniel hat auch hierzu ein Sprichwort parat: *„Am Tag, an dem ein Affe sterben soll sind alle Äste glatt"*!

Die Landsleute begegnen dem geheimnisvollen Kibo immer mit dem nötigen Respekt. Man sollte es ihnen gleichtun.

Höhenkrankheit / Mountain-Sickness

Je schneller man in große Höhen aufsteigt desto größer ist die Gefahr von der Höhenkrankheit betroffen zu werden. Die Akklimatisation ist die körpereigene Reaktion auf den niederen Sauerstoffgehalt und braucht eben seine Zeit. Die Konsequenzen eines zu raschen Aufstieges können sehr unangenehm, im schlimmsten Fall lebensgefährlich sein. Symptome sind Kopfschmerzen, Übelkeit, Erbrechen, Müdigkeit, Schlaflosigkeit und Schwellungen an Händen und im Gesicht. Im schlimmsten Falle entwickelt sich ein höhenbedingtes Lungenödem oder Gehirnödem. Lunge und Gehirn füllen sich dabei mit Wasser. Beim Lungenödem sind Dauerhusten und Blutauswurf die Folge. Ein Gehirnödem macht sich mit Halluzinationen, schweren Kopfschmerzen und Gleichgewichts-störungen bemerkbar. Erfolgt kein sofortiger Abstieg können beide sehr schnell tödlich enden. Auch Folgeschäden können bleiben.

Die schnellen Wetterwechsel am Kilimandscharo sind zwar schön anzusehen, wurden aber schon vielen zum Verhängnis.

Kilimanjaro – ein würdevoller Name für einen geheimnisvollen Berg

Der Name „Kilimandscharo" beinhaltet auch einen Hinweis auf seine vielen Gefahren. In der landesüblichen Schreibweise „Kilimanjaro" ist der Wortteil „Njaro" enthalten, was in der Sprache der Chagga „Eis" bedeutet, oder auch: „Teufel der Kälte und des Eises". In früheren Zeiten starben nämlich viele Ureinwohner, nachdem sie in größere Höhen aufgestiegen waren, an der Höhenkrankheit oder sind erfroren. Deshalb wurden auch böse Geister auf dem Berg vermutet. In Kisuaheli bedeutet „Njara" so viel wie „leuchtend" und „Njare" bedeutet „Wasserquelle". „Jaro" heißt in der Sprache der Chagga „weiß" und „Kilima" nichts anderes als „Berg". So entstand aus diesen Wortteilen der Name Kilimanjaro. Wörtlich übersetzt bedeutet der Name also „Der Weiße Berg". Nach der Entdeckung des Berges durch die Europäer wurde er auch viele Jahre „Silberberg" genannt, weil man meinte die weiße Spitze wäre aus reinem Silber. Die Namen der drei Einzelgipfel bedeuten „der Helle" (Kibo), „der Dunkle" (Mawenzi) und „Shira" wegen seiner kathetralenartigen Form. „Uhuru" bedeutet „Freiheit".

Ein Ausbruch des vor ca. 300 Jahren letztmalig aktiven Vulkanes ist sehr sehr unwahrscheinlich. Er gilt aber noch nicht als erloschen. Neben den großen Gipfelkratern gibt es ca. 200 kleinere Nebenkrater.

Zu den lauernden Gefahren am Kilimandscharo habe ich mir erlaubt ein bekanntes Zitat von Erich Kästner um einen Satz zu erweitern: *„Das Leben ist immer lebensgefährlich, am Kilimandscharo ist es das noch ein bisschen mehr."* Also unbedingt von vornherein mit dem nötigen Respekt an den Berg herangehen! *„Pole, Pole"* (langsam, langsam) hat schon seinen Sinn.

Bin „ich" in der Lage den Kilimandscharo zu besteigen? Oder besser: Traue „ich" mir das wirklich zu? Diese beiden Fragen sollte wirklich jeder ehrlich für sich selbst beantworten.

Falscher Stolz kann hier ganz schnell tödlich enden. Die Dimension des Berges sollte man keinesfalls unterschätzen.

Blick von Moshi zum Kibo-Gipfel. Die Dimension des Berges sollte man keinesfalls unterschätzen. Der Kibo ist immerhin „fast" 3000 Meter höher als der Zugspitzgipfel! Auch die flächenmäßige Ausdehnung des Massivs ist enorm.

Ein Wort zu Ausrüstung

Das wichtigste an der gesamten Ausrüstung sind meines Erachtens die richtigen Bergschuhe. Hier sollte keinesfalls gespart werden. Gute Markenschuhe bekommt man ab ca. 250,-- Euro in jedem Sportfachgeschäft. Und diese müssen unbedingt gut eingelaufen sein. Also mindestens ein Jahr vor Reisebeginn anschaffen und einlaufen. Es wird auch geraten die Schuhe auf der Hinreise entweder gleich anzuziehen oder ins Handgepäck zu nehmen. Sollte nämlich der Koffer mit den Schuhen abhandenkommen wird es schwierig vor Ort passenden Ersatz zu finden. Andere Gegenstände, wie Wanderstöcke, Kleidung oder Schlafsack wären vor Ort einfacher zu ersetzen.

Die Herausforderung ist, wie in vielen Reiseführern beschrieben, das man am Kilimandscharo die verschiedenen Klimazonen durchläuft und man dafür jeweils passend gekleidet sein sollte. Der Temperaturunterschied kann je nach Jahreszeit von +40 Grad im Tal bis -30 Grad Celsius am Gipfel variieren. Richtig ist aber dass fast alle Touren erst in einer Höhe von ca. 2000 Metern starten. Lediglich die Umbwe-Route beginnt man in knapp 1400 Metern. Und ab 2000 Metern kann es auch schon richtig kalt werden – auch bei Sonnenschein. Also kurze Hosen und Shirt sind hier eher die Ausnahme. Man durchläuft zwar, speziell am Übergang vom Bergregenwald in die Heide- und Hochmoorlandschaft, immer wieder Täler in denen es plötzlich warm oder sogar heiß ist, weil sich die warme Luft dort staut. Dann kann lange Kleidung kurzzeitig unangenehm werden. Eine dünne Jacke, welche man schnell an- oder ausziehen kann ist dort sehr nützlich. Anders beim Abstieg, sobald man den Urwald wieder erreicht und es Meter für Meter spürbar wärmer wird, dann ist man froh sich nach und nach der langen Sachen zu entledigen. An guter Funktionskleidung bzw. –wäsche sollte man keinesfalls sparen. Der „Zwiebellook" ist in jeder Klimazone am Kilimandscharo vorteilhaft. Warme Socken, Mützen und Handschuhe sowie Thermounterwäsche sind in den oberen Regionen unabdingbar. Nachts wird es grundsätzlich kalt, auch in der Regenwaldzone. Der Schlafsack sollte mindestens auf Temperaturen bis minus 20 Grad ausgelegt sein.

So sah meine Packliste aus:

Reisetasche/Trekkingtasche (70 Ltr.), Rucksack (50 Ltr.) mit Regenschutz, Bauchtasche, 2 Alu-Trinkflaschen, Alu-Tasse, Schlafsack (Ideal bis minus 20 Grad), Thermomatte und aufblasbare Liegematte, Teleskopstöcke, Gamaschen, Bergschuhe, Ersatzschnürsenkel, Leichte Trekkingschuhe zum Tragen im Camp, evtl. Sandalen, 2 Pullover, 2 Hemden, 2 T-Shirts, 2 Unterhemden, Thermounterwäsche, Sportsocken 4 Paar, 2 Paar warme Socken, Funktionsjacke, Fleecejacke, Regenüberzug, 2 Mützen, 2 P. Handschuhe, Halstuch, Trekkinghosen (dünn, dick), Trekkinghose kurz, 2 Handtücher, Toilettenpapier trocken u. feucht, Desinfektionsspray, Hautcreme, Sonnenhut, Sonnencreme, Sonnenbrille (auf richtige UV-Absorbation achten!), LED-Stirnlampe, Batterien, Taschenmesser, Feuerzeug, Kerze(n), Schreibzeug, Nähzeug, Reiseapotheke, Fotoapparat, Handy, Ladegeräte, Ersatz-Akku, Uhr, Seife, Shampoo, 2 Zahnbürsten, Zahnpasta, Rasierzeug, Hustenbonbons, Halstabletten, Schmerztabletten (IBU), Anti-Durchfallmittel, Sterilisationstabletten für Trinkwasser, Mückenspray, Autan-Tropic, Wundsalbe, Energieriegel (pro Tag 3 Stück), Magnesium, Plastiktüten, Fernglas, Glücksbringer.

Dies war die Packliste ausschließlich für die Kilimandscharo-Besteigung. Für den weiteren Aufenthalt in Tansania, Safari usw. hatte ich natürlich noch andere Sachen dabei.

Achtung: Gesamt dürfen max. 15 Kilo mit auf die Bergtour genommen werden. Bzw., die Träger nehmen einem maximal 15 Kilo ab. Würde die persönliche Ausrüstung z.B. 30 KG wiegen, so müsste man 15 Kilo selber tragen. Ich kam mit knapp über 15 Kilo gut aus. So das die Träger von mir max. 10 bis 12 KG zum transportieren hatten. Ich hatte dann im Rucksack ca. 3 bis 5 KG selber zu tragen. Die Sachen die man jeweils angezogen hat muss man ja nicht im Rucksack tragen. Hinzu kommt aber noch das Gewicht der Wasserflaschen mit ca. 2 – 3 KG.

Währung in Tansania:

Die Landeswährung ist der Tansania-Schilling. Den jeweils aktuellen Umrechnungskurs kann man jederzeit im Internet erfahren. Die zweite Landeswährung, zumindest an den Touristen Hot-Spots, ist der US-Dollar. Auch Euros werden sehr gerne genommen. Euro und USD werden gegeneinander einfach 1:1 umgerechnet. Es gibt auch nur Preise welche auf volle Dollar oder Euro, oder auf 50 Cent lauten. Cent-Preise und damit auch Cent-Münzen gibt es nicht. In Hotels, Bars und Geschäften werden auch Kreditkarten akzeptiert. Tipp von mir: immer möglichst viele kleine Dollar-Scheine parat haben. Bei großen Scheinen hört man oft: *„Can nix hubadili"* (kann nicht wechseln). In der Hoffnung dass man es dann aufgehen lässt, oder halt so viel kauft bis der Wert des Scheines erreicht ist. Auch für Trinkgelder sind kleine Scheine wichtig.

Impfungen:

Mindestens 1 ½ Jahre vor einer Kilimandscharo-Tour sollte ein Beratungsgespräch mit einem Arzt über notwendige Impfungen stattfinden. Achtung, nicht jeder Arzt darf diese „Tropenimpfungen" durchführen bzw. darüber beraten. Neben den auch bei uns notwendigen Impfungen wie Tetanus oder Zeckenschutz sind für Afrika Meningithis-, Typhus-, Cholera- und Gelbfieberimpfungen notwendig. Die Malariaprophylaxe startet kurz vor Reisebeginn und wird in Tablettenform bis etwa 7 Tage nach Rückkunft eingenommen.

Was kostet der Spaß

Ich nenne hier mal einen Mindestbetrag von 3.500,- Euro. Über ein Viertel davon ist schon der Eintrittspreis in den Kilimandscharo-Nationalpark. Dann kommt es natürlich darauf an wie man die Reise organisiert. Für mich persönlich gab es nichts anderes als eine komplett durchorganisierte Tour incl. Flug und allen notwendigen Leistungen zu buchen. Die

Sicherheit eines renommierten Anbieters mit entsprechenden Referenzen war mir wichtig. Während der Vierzehntägigen Tour brauchte ich dann aber vor Ort nur noch relativ wenig Geld. Einen Billigflug wird man immer leicht finden. Aber eine Kilimandscharobesteigung selbst organisieren, kann gerade was Träger und Bergführer betrifft, sehr leicht schief gehen. Da steht man dann vor Ort ganz schnell alleine da. Weitere Kosten entstehen natürlich auch mit der benötigten Ausrüstung. Unterm Strich ist man da schnell mal bei 1.000,-- bis 1.500,-- Euro. Wer aber sowieso regelmäßig Bergwandern geht wird hier keine größeren Extra Investitionen machen müssen. Und „Newcomer" sollten sich eh nicht an den Kilimandscharo wagen!

Hinzu kommen dann natürlich entsprechende Kosten je nachdem wie man das weitere Reiseprogramm nach der Bergtour gestaltet. Der Reiseveranstalter bietet normal sowieso ein Standard-Rahmenprogramm mit an. Je nachdem wie lange man bleiben will, zwei oder drei Wochen, ist Tansania ein Land in dem man unheimlich viel unternehmen kann. Empfehlen kann ich auf jeden Fall eine Besichtigung des berühmten Ngorongoro-Kraters mit seinen unzähligen Wildtieren. Auch der Besuch eines Massai-Dorfes sollte nicht fehlen. Sehenswert sind in jedem Falle der Lake Manyara Nationalpark, der Tarangire Nationalpark und die Serengeti. In zahlreichen Wildreservaten kann man Jeep-Safaris unternehmen. Nicht zu vergessen sei der große Viktoriasee. Sehenswert sind auf jeden Fall auch die großen Städte Dodoma oder Dar es Salaam. Ein optimales Finale, je nachdem was der Geldbeutel noch hergibt, wären ein paar Badetage auf der Insel Zanzibar.

Auf folgende Web-Sites weise ich an dieser Stelle gerne hin:

Kilimandscharo-safari.de
Dav-summit-club.de
Kaliwalodge.com
Elefant-tours.de

Hinweise zum Buch:

Meine jeweiligen Höhenangaben zu den verschiedenen Camps oder anderer Örtlichkeiten können zu den Angaben in diversen Reiseführern und Büchern oder auch auf diversen Infoseiten im Internet abweichen. Meine Höhenangaben zu den Camps erfolgten nach Angabe auf den jeweiligen offiziellen Tafeln vor Ort. Kilometerangaben habe ich nicht gemacht da eine genaue Angabe nicht möglich ist. So steht z.B. auf der Tafel am Lemosho-Gate *„To Uhuru Peak 48 km".* Lt. GPS-Messung legten wir aber über 60 Kilometer zurück.

Der Mount Kilimandscharo liegt ca. 350 km südlich des Äquators, im Norden Tansanias, nahe der Grenze zu Kenia.

Vom oberpfälzer Winter in den Tansanischen Sommer

Samstag, 21. Januar 2017. Ein typisch Oberpfälzer kalter, regnerischer ungemütlicher Wintertag. Es liegt ein wenig Schnee. Die Koffer sind gepackt. Gegen elf Uhr verabschiede ich mich von meiner Familie in Richtung Afrika. Ein letzter Blick zum Rauhen Kulm. Ein wenig mulmig ist mir schon zu Mute. Wird alles gut gehen? Hab ich alles eingepackt? Ein Abenteuer steht mir bevor. Etwa 300 Kilometer sind es bis zum Frankfurter Airport. Die Fahrt verläuft reibungslos, es ist sehr wenig Verkehr. Ich fahre gemütlich über Nürnberg, Würzburg, Aschaffenburg nach Frankfurt. Je weiter ich mich von der Oberpfalz entferne, desto weniger Schnee liegt. Ab Würzburg ist schönstes Wetter, fast frühlingshaft. Gegen 14.30 Uhr erreiche ich meinen Parkplatz am rechten Mainufer. Ich habe keine Eile, das ist gut. Per Shuttlebus geht's zum Airport, direkt ans Terminal 2. Ich bin rechtzeitig dran, trinke Kaffee, beobachte das lebhafte Treiben in den weiten Hallen des riesigen Frankfurter Flughafens. Ab 19.30 Uhr kann ich einchecken. Widerwillig durchlaufe ich die sehr intensiven Sicherheitskontrollen. Um 21.35 Uhr geht mein Flug.

Im Flieger lerne ich die ersten vier Mitglieder meiner Reisegruppe kennen. Man stellt sich vor, Smalltalk und so weiter. Wir fliegen mit einer Boeing 777 der Ethiopian Airlines. Ein riesiger Vogel mit über 450 Plätzen. Der Flug verläuft angenehm ruhig. Service und Personal sind in keinster Weise zu bemängeln. Die meiste Zeit des ca. sechseinhalb Stunden dauernden Fluges kann ich schlafen. Kurz vor sechs Uhr früh können wir das riesige Lichtermeer von Äthiopiens Hauptstadt Addis Abeba sehen. Ein Gigantischer Anblick. Um 06.05 Uhr Ortszeit, also 04.05 Uhr deutscher Zeit, landen wir sanft auf dem Flughafen Addis Abeba. Die Sonne wird bald über der Viermillionen-Stadt aufgehen. Als wir um ca. 6.30 Uhr aus dem Flieger steigen frösteln wir gewaltig. Die Stadt liegt auf einem Hochplateau, am Fuße des 3200 Meter hohen Berges Entoto. Sie ist mit einer Höhenlage von über 2300 Metern die dritthöchstgelegene Hauptstadt der Welt und die höchstgelegenste in Afrika. Erst ab ca. 08.00 Uhr wird es rasch wärmer.

Addis Ababa Bole International Airport

Terminal 2 Departures — 09:22

Time	Flight	To/Via	Gate	Remarks	Estimated
10:00	ET 332	ENTEBBE	7	Proceed to Gate	10:00
10:05	ET 939	N` DJAMENA	1	Proceed to Gate	10:05
10:10	ET 815	via KILIMANJARO	8	Proceed to Gate	10:10
10:20	ET 955	via COTONOU	4	Proceed to Gate	10:20
10:20	ET 602	DUBAI	9	Proceed to Gate	10:20
10:20	ET 805	DARESSALAM	8	Proceed to Gate	10:20
10:50	ET 304	NAIROBI	10	Proceed to Gate	10:50
11:00	ET 817	via BUJUMBURA	14	ON TIME	11:00
15:40	ET 688	DELHI	12	ON TIME	15:40

Have a nice trip!

Die Anzeigetafel in im Addis Abeba Airport ist etwas übersichtlicher als in Frankfurt.

Der Flughafen selbst ist etwas überschaubarer als der Rhein-Main Airport. Es ist sehr dreckig. Viele Tauben fliegen durch die Wartehallen und hinterlassen ihre Spuren. Die Toiletten sind etwas gewöhnungsbedürftig. Der Flughafen selbst ist eine riesige Baustelle. Addis Abeba liegt sehr zentral im Norden Afrikas. Der Flughafen soll nach und ausgebaut und erweitert werden. Der vierstündige Aufenthalt zieht sich. Ich durchlaufe mehrmals die vielen Shops. Schuhputzer bieten ihre Dienste an. Kaffee- und Tabakgeruch liegt in der Luft. Doch es gibt auch andere Gerüche.

Es erfolgt ein weiterer intensiver Sicherheitscheck bevor wir um 10.20 Uhr mit einer Boeing 737 der EA in Richtung Kilimandscharo-Airport abheben. Der Flug verläuft sehr ruhig, von den ca. 180 Sitzplätzen ist mindestens ein Drittel unbesetzt. Es ist stark bewölkt doch zwischendurch kann man ein bisschen was vom Land sehen. Gebirge und große Seen wechseln sich ab. Wir überfliegen den großen Abajasee. Irgendetwas unten auf dem Erdboden reflektiert strahlend weiß das Sonnenlicht zu uns herauf. Unregelmäßig und weit verstreut glitzern die einzelnen Punkte, weiß wie Schnee, unter der Afrikanischen Sonne. Es sind Hüttendächer aus Weißblech welche im Sonnenlicht glänzen. Nur einzelne Hütten haben schon diese Blechdächer. Die meisten sind aber noch mit Stroh gedeckt. Später werden wir diese glitzernden Blechdächer auch vom Kilimandscharo aus zu sehen bekommen.

Nach etwa zwei Stunden Flugzeit halten wir gespannt Ausschau nach dem Kilimandscharo. Aber dieser liegt komplett unter einer riesigen dichten Wolkendecke. Nach gesamt zweieinhalb Stunden landen wir auf dem Kilimandscharo-Airport. Nun weht uns ein heftiger heißer Wind ins Gesicht. Es ist Sonntag, 22. Januar 2017, 13.00 Uhr. Von hier aus sind es Luftlinie zum Uhuru Peak ca. 60 Kilometer.
Wir hatten gehofft den Berg endlich sehen zu können. Aber leider sehen wir nur große, weiße, sehr hohe Wolken.

Ankunft am Kilimanjaro-Airport

Zur Einreise nach Tansania wird ein Visum benötigt. Dieses kostet 50 USD, nur Cash! Man muss drei Punkte in der Ankunftshalle anlaufen. An jedem Schalter bilden sich lange Warteschlangen. Wir brauchen über eine Stunde bis alle Formalitäten erledigt sind. Ein bisschen modern sind sie aber auch schon. Am letzten Schalter werden Daumenabdruck und Handabdruck eingescannt. Gleich wird sich zeigen ob alle unsere Koffer angekommen sind. Wir sind gespannt. Zum Glück alles vollzählig. Auf einem Parkplatz direkt am Flugplatz wartet ein Kleinbus auf uns. Kräftige Einheimische bieten ihre Dienste an und verladen, ehe wir uns versehen, unsere Koffer in den Bus. Sie hoffen auf Trinkgeld: *„You have Chips?"* Der Busfahrer schickt sie aber ein wenig drohend weg.

Auf der Fahrt mit dem Kleinbus vom Kilimandscharo-Airport nach Moshi bekomme ich erste Eindrücke von Tansania. Die Landschaft ist hier derzeit komplett verdorrt. Erst nach der Regenzeit sprießt es hier wieder grün. Jede Menge halbfertige Häuser und genau so viele eingestürzte Häuser oder Hütten sind zu sehen. Die Straßen sind aber nicht mal so schlecht. Zumindest die Hauptstraßen. Die Straßengräben und Böschungen sind voller Müll und Plastikflaschen. Überall sind kleinere Ziegenherden zu sehen. Die Ziegen suchen an den verdorrten Stauden und Bäumen nach letzten grünen Blättern. Freilaufende Esel kreuzen ständig die Straße. Die Esel gehören den Massai. Sie fangen sie wieder ein wenn sie gebraucht werden, erzählt uns später unser Bergführer Daniel.

Erste Eindrücke während der Fahrt nach Moshi

Nach Moshi sind es ca. 45 Kilometer. Moshi ist Verwaltungshauptstadt der Kilimandscharo-Region und hat ca. 150.000 bis 200.000 Einwohner – so genau weiß das keiner. Kurz vor Moshi wird die Landschaft wieder grüner. Wir sind nun praktisch am Fuße des Kilimandscharo angekommen. Der rötliche Vulkanboden ist sehr fruchtbar. Der Kilimandscharo liefert das notwendige Wasser für die anliegenden Städte und Dörfer. Nach den endlos scheinenden verdorrten, von der Sonne verbrannten Feldern, sehen wir plötzlich blühende Landschaften mit Eukalyptusbäumen, Bananen- und Sisalpflanzen und Kaffeestauden.

Die Landbevölkerung, etwa die Massai und die Chagga, ernähren sich hauptsächlich von Mais und Kartoffeln. Die Ziegen und Rinder liefern Milch und Fleisch. Auch Schweine werden gemästet. Mais wird zu „Ugali" verarbeitet. Das Hauptnahrungsmittel besteht aus gekochten und fest gepressten Maiskörnern. Rund um den Kilimandscharo muss die Bevölkerung aber keinen Hunger leiden. Es gibt eigentlich alles im Überfluss. Der Berg liefert ständig frisches Wasser. Aus diesem Grund herrscht hier, an der Süd- und Südostseite eine sehr dichte Besiedelung.

Am Straßenrand ist immer was los. Überall Märkte und Händler. Es ist praktisch immer Markttag.

Bananen gibt es in Hülle und Fülle.

An den Linksverkehr werde ich mich wahrscheinlich nie gewöhnen. Verrückte Vehikel gibt's an jeder Ecke zu sehen. Aufgefallen sind mir sofort die „Mopedgangs" welche man an jeder Straßenkreuzung oder auf Plätzen sehen kann. Wie mir Daniel später erzählte bieten sie mit ihren bunten Zweirädern ihre Dienste als Taxi an. Sie sind praktisch die modernen Esel. Für einen Dollar kann man so und so weit mitfahren, für zwei Dollar noch etwas weiter, usw. usw. Aber auch kleinere Lasten werden mit den Mopeds befördert. Wir beobachten vom Bus aus das geschäftige Treiben in den Straßen von Moshi. Die Gebäude sind meist einfache Hütten, gebaut aus allem was gerade zur Verfügung stand. Händler preisen ihre Waren an. Fast an jeder Ecke ist Bananenmarkt. Hier gibt's Geflügel, dort liegen Berge von Schuhen, nebenan werden Fahrräder repariert. Alles spielt sich auf der Straße ab, auch die Schlachtung eines Schweines. Das Blut läuft über die Straße. Hunde schlecken es auf.

Das letzte Stück Weg, etwa 300 Meter, von der Hauptstraße zur Lodge würde ich mich – wenn es denn überhaupt in ganz Deutschland einen derart schlechten Weg gibt - nicht einmal mit einem Traktor befahren trauen. Zum Glück ist es trocken. Die Zufahrt ist zwar flach aber aufgrund der großen Löcher, oder besser gesagt „Krater", befürchtete ich ein paarmal dass der Bus umkippen könnte. Die Federn und Stoßdämpfer, soweit überhaupt noch vorhanden, müssen jedenfalls ziemlich was aushalten. Gegen 15.30 Uhr kommen wir in der Kaliwa-Lodge in Moshi an. Die Lodge liegt auf ca. 1300 Metern Höhe und ist eingefasst von einer massiven hohen Mauer, ringsherum Eukalyptusbäume, Kaffeestauden und ein Wald aus riesigen Bananenpflanzen. Nach Osten hin fällt das Gelände steil ab, hier braucht es keine Schutzmauer. Von der großen Aussichtsterrasse, hoch über einem Tal im Regenwald, hat man einen direkten Blick zum Kilimandscharo. Leider ist der Berg immer noch von Wolken verhüllt. Die Lodge wird von einem deutschen betrieben, ein Whiskykenner. Der Chef begrüßt uns sehr herzlich und weist uns die Zimmer zu. Mit seiner Vielzahl von guten Tropfen im Regal schindet er bei einigen meiner Reisekollegen richtig Eindruck. Einige haben nach unserer Rückkehr vom Berg diverse Whiskysorten verkostet und darüber mit dem Chef gefachsimpelt. Die gesamte Anlage ist sauber. Es ist sehr ruhig. Mein Zimmer ist klein, aber ausreichend. Toilette und Dusche sind sauber und funktionsfähig.

Blick zum Kibo-Gipfel von der Dschungel-Terrasse der Kaliwa-Lodge bei Moshi

Um halb sechs Abends, endlich, reißt die Wolkendecke auf und erstmals sehen wir den Kilimandscharo in voller Pracht direkt vor uns. Ein unbeschreiblicher Moment. Gänsehaut. Andächtiges, demütiges Schweigen. Das Abendessen muss warten. Wir können uns gar nicht sattsehen. Auch die Spitzen des Mawenzi (5149 M.) können wir in der Ferne erkennen. Bis zum Sonnenuntergang bleiben wir auf der Terrasse. Mit Ferngläsern ausgestattet inspizieren wir den Kibo-Gipfel. Unvorstellbar dass wir da hinauf gehen werden.

Das Abendessen, welches an einer schön gedeckten Tafel unter freiem Himmel stattfindet, bietet alles was man braucht. Eine richtige Deutsch-Afrikanische Brotzeit. Der Chef serviert uns sein selbst gebackenes Brot, welches wirklich köstlich schmeckt. Endlich bekommen wir auch Bier, natürlich Marke „Kilimandscharo". Das helle Lager schmeckt mir sehr gut.

Ein Feierabend-Seidel mit unserem Bergführer Daniel

Die Stühle aus dunklem Holz, sowie die gesamte Einrichtung in der offenen Whisky-Bar, haben irgendwie einen kolonialen Touch. Rustikal erhaben und trotzdem gemütlich. Kein Plastik weit und breit! Während wir uns nun näher kennen lernen gesellt sich plötzlich unser Bergführer zu uns und stellt sich vor. Daniel ist 29, er spricht gut Deutsch und gibt uns erste Instruktionen wie die nächsten Tage so ablaufen werden. Den Kilimandscharo nennt er ehrfürchtig *„Papa"*. Dabei spricht er es so lustig langgezogen aus, so ungefähr *„Paapaaa"*. Über 150 Mal stand er schon oben am Uhuru Peak. Wir sind sprachlos und lauschen gespannt seinen Tipps und Erzählungen. Beim Abschied sagt er in seinem unvergleichlichen, lustig klingenden Kisuaheli-Englisch-Deutsch-Slang: *„Isch habe mit meine Paapaaa gesproschen, allesch würd good – Wetter würd good!"*

Frühstückstafel in der Lodge

Wir gehen alle bei Zeiten schlafen. Ich genieße die letzte Nacht in einem richtigen Bett – jedenfalls für die kommende Woche. Ich schlafe einigermaßen gut. Es war doch ein langer Weg und eine lange Zeit vom Kastl bis Moshi. Ein paarmal liege ich wach und lausche den Stimmen des Regenwaldes. An den hinteren Fenstern sind keine Scheiben, nur Fliegengitter. Ich kann verschiedenste Tiere schreien hören. Ansonsten die totale Ruhe.

Tipp zum Tag:
Bergschuhe auf dem Hinflug ins Handgepäck nehmen oder im Flieger anlassen. Wenn die Bergschuhe im Hauptgepäck sind und dieses verloren geht oder verspätet ankommt, ist es schwierig vor Ort auf die Schnelle guten bzw. passenden Ersatz zu bekommen.
Reisedokumente, Reisepass, Impfbuch, sonstige Wichtige Unterlagen immer kopieren. Originale im Handgepäck, Kopien im Koffer.

Von Moshi zum Lemosho-Gate und zum Forrest-Camp

Montag, 23. Januar 2017. Noch bevor es hell geworden ist bin ich aufgestanden. Nochmal in Ruhe duschen. Dann führt mich der erste Weg zur Terrasse. Der Blick auf den Kilimandscharo ist grandios. Zurzeit sieht man nur wenige Wolken, die Luft ist klar. Wir Frühstücken im Freien. Vom Frühstückstisch aus haben wir einen direkten Gipfelblick. Zwischen den Bananenstauden genießen wir die Aussicht und das wirklich sehr gute Frühstück. Der frisch gebrühte Kaffee schmeckt hervorragend. Bananenpflanzen tragen übrigens nur einmal Früchte. Hier werden sie nach der Ernte oft als Schattenspender stehen gelassen. So erzählt es uns der Chef.

Schon was besonderes: Frühstück mit Kibo-Blick

Nach dem Frühstück müssen die Koffer wieder gepackt werden. Separat verpackt jeder seine Ausrüstung für die Tour. Maximal 15 Kilo dürfen es sein. Alles darüber muss jeder selbst in seinem Rucksack tragen. Ein geräumiger Rucksack ist hier sehr von Vorteil. Vorgeschrieben ist das jeder am Morgen 3 Liter Wasser im Gepäck hat. Also zusätzliche 3 Kilo! Ich schicke aber gleich voraus dass mir persönlich die 3 Liter zu viel waren. Ab dem zweiten Tag habe ich auf maximal 1,5 Liter reduziert. Es gibt beim Frühstück, Mittag und Abend ausreichend Getränke. Da brauche ich nicht zusätzlich nochmals 3 Liter. Und jedes gesparte Kilo braucht man schon nicht den Berg hochschleppen. Oberstes Gebot trotzdem: Viel trinken. Die Koffer mit den anderen Gepäckstücken verbleiben in der Lodge während wir am Berg unterwegs sind.

Um 8.30 Uhr sollten wir bereit sein zum Gepäckwiegen und zur Abholung. Überpünktlich wie wir Deutschen nun mal sind stehen wir schon lange vorher fertig bereit. Um 9.00 Uhr ist aber immer noch niemand da um uns abzuholen. Der Chef beruhigt uns: *„Das müsst ihr noch lernen. Die Uhren gehen hier etwas anders als in Deutschland. Wenn 8.30 Uhr ausgemacht ist, dann bedeutet das, dass der Fahrer irgendwo vielleicht um 8.30 losfährt! Alles geht Pole Pole".* („Pole pole" bedeutet in der Landessprache „langsam" oder „gelassen").

Gegen 9.30 Uhr trifft dann endlich der Bus in der Lodge ein. Nun geht es aber zackig. Die Gepäcktaschen und Rucksäcke werden gewogen. Alles passt. Sogleich werden die Sachen im Kofferraum und auf dem Dach verstaut. Auch im Gang im Bus werden noch Gepäckstücke deponiert, die Rucksäcke müssen wir auf den Schoß nehmen. Im Bus – wohlbemerkt ein 16-Sitzer – sind nun 25 Mann! Einige der Träger fahren mit uns. Die Fahrt ist turbulent, aber lustig. Wir sprechen mit den Trägern, jedenfalls versuchen wir es. Diese können nämlich meist kein Englisch. Aber mit Handzeichen und Kopfnicken funktioniert die Verständigung wunderbar. An einem Supermarkt machen wir kurz Halt und versorgen uns mit Wasser für den ersten Tag.

Typische Straßenszene im Randbereich von Moshi

Auf der Fahrt zum Gate sahen wir auch einige typische Massai-Dörfer. Wie wir bei einem späteren Besuch feststellten, darf man sich aber von der Idylle nicht täuschen lassen: fast jeder hat ein Handy unter seinem traditionellen Gewand!

Die Fahrt geht erst über befestigte Straßen, dann über unbefestigte Wege zum ca. 60 Kilometer entfernten Londorossi-Gate. Die Luft hat sich etwas eingetrübt, der Kibo ist aber gut zu sehen. Wir halten ein paarmal an um Fotos vom Berg zu machen. Der Straßenzustand wird mit jedem Kilometer schlechter. Zum Glück ist es trocken. Nur vom Vormittagsregen sind noch einige Pfützen übriggeblieben. Der Fahrer fährt die Strecke nicht zum ersten Mal und weiß genau wie er die riesigen Pfützen und Löcher ansteuern muss um durch zu kommen. In der Ferne sehen wir den Mount Meru. Kuhherden und Ziegenherden kreuzen immer wieder unseren Weg. Sie haben stets Vorfahrt. Es dauert so lang wie es dauert. Erstmals sehen wir eine Herde freilaufender Zebras. Um ca. 12.30 Uhr kommen wir am Londorossi-Gate an. Das Gate liegt auf 2250 Meter Höhe.

Viehherden und sonstige Gefährte haben immer Vorfahrt.

Eile kennt man hier weniger.

Am Londorossi-Gate herrscht reges Treiben, oder besser gesagt: Es geht zu wie in einem Ameisenhaufen. Zahlreiche Touren starten von hier. Immer wieder treffen vollbeladene Busse und Jeeps ein. Daniel meldet uns bei der Parkleitung an. Zur Registrierung muss sich jeder Teilnehmer mit Namen, Geburtsdatum, usw. in eine Liste eintragen. Diese Zeremonie wiederholt sich dann in jedem Camp in dem man ankommt. Unser Bergführer muss nun auch die Parkgebühren bezahlen. Ca. 1050,- USD kostet der Eintritt (Stand Jan. 2017!) pro Person in den Kilimandscharo-Nationalpark.

Es ist bewölkt und es weht ein sehr frischer Wind. Wir dachten es sei warm, so wie unten in Moshi und deshalb hatten wir uns nur leicht angezogen. Nun tauschen wir flink die kurzen Hosen in lange. Auch eine Jacke kann ich vertragen, befinden wir uns doch auf über 2200 Metern Höhe! Erstmals lernen wir unseren Koch Jack samt seinem Assistenten Isaac kennen. Heute gibt's zu Mittag nur ein Lunchpaket, welches wir in einer offenen Hütte einnehmen. Hier ist Platz für mindestens 100 Personen. Sogar einen Billardtisch gibt es hier, welcher während unserer Anwesenheit auch ständig genutzt wird.

Neben uns, am Nachbartisch erkennen wir den Extremkletterer Thomas Huber, von den berühmten Huber-Buam. Zusammen mit seiner Frau ist er zum Gipfel unterwegs. Ich mache ein Erinnerungsfoto mit ihm. Getroffen haben wir ihn aber auf der ganzen Tour nicht mehr. (*1)

Uns fällt eine sehr junge Japanerin auf. Klein, dünn und auffallend wie eine Puppe geschminkt. Mit ihrem weißen Seidenkleidchen fällt sie hier auf jeden Fall auf. Sie ist scheinbar alleine unterwegs und wird von zwei übertrieben gut gekleideten schwarzen hofiert und „bedient". Während wir unser Fresspaket leeren nimmt sie ein aufwendiges Menü ein. Wir haben sie im Laufe unserer Tour noch ein paarmal gesehen. Mit Sonnenschirmchen und seltsamen Seiden-Kleidchen, immer in Begleitung der zwei Diener. Für eine Kilimandscharo-Tour jedenfalls sehr unpassend gekleidet! Wir nannten sie die „japanische Prinzessin".

Während wir dem hektischen Treiben staunend zusehen begeben sich unsere Träger zur Gepäckwaage. Mehrere Hundert Träger warten geduldig in einer langen Schlange bis sie an der Reihe sind. Hier gibt es kein Gedränge. „Pole, pole" lautet überall die Devise. Die Parkverwaltung führt genau Buch wie viele Kilo an Gepäck jede Gruppe mitnimmt. Pro

Träger sind maximal 25 Kilo erlaubt. Unsere Gruppe besteht aus 9 Personen sowie dem Bergführer und 37 Trägern inclusive den beiden Köchen.

Gepäckwiegen beim Londorossi-Gate

Sieht Chaotisch aus, funktioniert aber prima.

So unübersichtlich das Durcheinander für uns ist und wie lange die Menschenschlangen an den Waagen auch sind, so schnell löst sich das Gewühl auch wieder auf. Jeder weiß wo er hin muss. Mit Taschen, Rucksäcken, Säcken, Paketen, Gasflaschen, Campingstühlen, Zeltstangen, Planen, Kanistern, usw. beladen, machen sich die ersten Träger auf den Weg. Unsere Ausrüstung wird noch einmal verladen - denn wir starten am Lemosho-Gate. Über eine Stunde Fahrt liegt jetzt nochmals vor uns.

Die Fahrt ist wieder sehr chaotisch aber alle im Bus sind gut gelaunt. Die Träger singen in dem überfüllten Vehikel. Es gibt viel Interessantes zu sehen. Daniel beantwortet so gut er kann unsere Fragen. An den Berghängen werden Kartoffeln, Gemüse, Karotten usw. angebaut. Die Ernte ist in vollem Gange. An den Straßenrändern stehen große weiße Säcke mit Kartoffeln. Die Mopeds transportieren die Säcke ins Tal. Wir sehen viele Frauen beim Brennholz sammeln.

Frauen beim Brennholz sammeln.

Seit den 1950er Jahren wird in dem Regenwaldgürtel rund um den Berg Forstwirtschaft betrieben. Da durch die Einheimischen immer mehr Wald für Brenn- und Bauholz abgeholzt wurde, kam es zu größeren Bodenerosionen. Bei starken Regenfällen gingen Schlammlawinen ins Tal und gefährdeten Hütten und ganze Dörfer. Die Parkverwaltung lies in den betroffenen Gebieten Pinien- und auch Mischwälder anpflanzen. Die unteren Äste der Pinien werden ab einem gewissen Alter entfernt. So kann zwischen den Bäumen das Gemüse angebaut werden. Die Pinien spenden Schatten und schützen so vor Austrocknung und weiterer Auswaschung des Bodens.

Endlich geht's richtig los. Start am Lomosho-Gate.

Gegen 14.30 Uhr kommen wir endlich am eigentlichen Ausgangspunkt unserer Tour dem Lemosho-Gate, einer Lichtung, in 2100 Metern Höhe an. Mehrere Hundert Leute wuseln durcheinander. Daniel beruhigt uns, alles hat System, jeder weiß wo er hin muss. Die Jeeps und Kleinbusse kehren um und fahren leer zurück. Endlich geht's los. Noch schnell ein Gruppenfoto und dann direkt rein in den Urwald. Die Pfade sind schmal. Die riesigen Pflanzen, Farne, Eiben,

Eukalyptusbäume und viele mir unbekannte Gewächse spenden uns Schatten. Es ist angenehm zu gehen. Daniel gibt uns den Schritt vor. Wir gehen sehr langsam. An den langsamen Schritt muss man sich erst nach und nach gewöhnen. Doch dies hat seinen Sinn. Würde man alleine los marschieren – unerfahren - und mit einem Wandertempo wie etwa bei einer Bergwanderung in den Voralpen, hätte das fatale Folgen auf Lunge und Kondition. Die Tour könnte dann schon am zweiten oder dritten Tag zu Ende sein, da man den Sauerstoffmangel im Blut nicht mehr aufholen kann.

Wirklich erstaunlich was sich die „Porters" so alles aufladen

Erstmals merke ich intensiv wie die Luft mit jedem Schritt dünner wird. Man atmet, aber es kommt nicht so viel in der Lunge an wie man das gewohnt ist. Im Gänsemarsch ziehen wir gemächlich auf den engen Pfaden dahin. Die Träger gehen mindestens die doppelte Geschwindigkeit. Wenn von hinten Träger kommen ruft einer der Nachhut „Träger" und wir müssen einheitlich nach rechts ausweichen damit die „Porters" mit dem ganzen Material uns überholen können. Wir sind erstaunt was sich die Träger so aufgeladen haben. Unvorstellbar was die alles hier hochschleppen müssen. Trotzdem sind „fast" alle gut drauf, viele pfeifen und singen. Alle, wirklich alle, grüßen uns mit einem freundlichen „Jambo – Pole Pole!" – Wir lernen zu erwidern: „Jambo – boa", was so viel heißt wie „Hallo, alles gut".

Nachwuchs-Träger Jack (rechts). Er machte
Ferienarbeit. Ich traf ihn später am Gipfel wieder

Ein Paradies für Botaniker

Die Flora ist sogar für mich, als Nichtbotaniker, überwältigend. Nach den verdorrten Feldern unten im Tal und nach den Gemüseplantagen in der Kulturzone wandern wir hier durch einen grünen dichten Dschungel. Wir bestaunen die rot glänzenden Blutlilien. Erstmals sehen wir die schwarz-weißen Colobus-Äffchen und Paviane. Auch zahlreiche bunte Vögel können wir zwischen den Baumkronen sehen.

Viele Urwaldbewohner konnte man aus nächster Nähe betrachten, so wie diese Diadem-Meerkatze.

Es regnet immer wieder leicht. Vorsichtshalber ziehen wir den Regenschutz über. Nach über drei Stunden langsamen Fußmarsches erreichen wir unser erstes Nachtlager, das „Forrest-Camp" (offiziell: MTI Mkubwa-Camp) in 2.650 Metern Höhe. Kurz bevor wir die Hütte der Ranger erreichen, beginnt es plötzlich wie aus Kübeln zu schütten. Jeder muss sich nun registrieren lassen, dies geschieht wieder durch persönliches eintragen in eine Liste. Volle zwei Stunden dauerte dieser Regenguss an. Es ist richtig ungemütlich als wir das erste Mal unsere Zelte beziehen. Daniel meint nur lächelnd „We are in Raegenwald".

Blick aus der Rangerhütte ins durchnässte Camp

Erstmals treffen wir uns im Gemeinschaftszelt. Eine fast festliche Tafel – mit Campingtischen und –stühlen – erwartet uns. Ein Gasofen sorgt für gemütliche Wärme. Wir sind positiv überrascht was uns alles aufgetischt wird. Es gibt Kaffee und Tee, dazu Toastbrot mit Marmelade, Honig und Nutella, sowie immer eine große Schüssel mit frischem, noch warmen, Popcorn. Um 20.00 Uhr wird das Abendessen serviert. Es gibt eine sehr gut schmeckende Ingwersuppe, dann Gulasch mit Kartoffeln und grünem Salat. Als Nachspeise gibt's frische Bananen - direkt von den Plantagen am Berg. Besonders gut schmecken mir die kleinen Bananen mit roter Schale. Nach dem gemütlichen Abendessen folgt die Vorbesprechung für den nächsten Tag. Daniel erzählt uns anschließend noch allerlei interessante Geschichten über Land und Leute bevor er uns mit einem sanften „Ana Salama (Gute Nacht) – sleep like a Baby" ins Zelt schickt. Es regnet zwar nicht mehr, ist aber Nasskalt und neblig. Gegen 21.45 bin ich im Schlafsack angekommen. Es ist feucht im Zelt. Im Zeltboden entdecke ich ein kleines Leck durch das Wasser reinkommt! Ich schlafe schlecht. Ständig rutsche ich aufgrund des leicht steilen Geländes in Richtung Zelteingang ab.

Ich hatte übrigens gegen einen geringen Aufpreis ein Einzelzelt gebucht. Das war eine gute Entscheidung. Zum einen hat man seine Ruhe und man hat etwas mehr Platz für sich. Denn komischerweise hatten Ein- und Zweimannzelte die identische Größe.

Die Blüte des Zuckerbusches hat eine enorme Größe

Etappeninfo:
Start in 2.100 Metern Höhe. Höhenmeter ca. 650. (*Angabe der Höhenmeter immer gesamt, also Bergauf u. Bergab zu gehende Höhenmeter, alle Angaben sind immer „ca.") Gehzeit 3 – 4 Stunden.
Nicht besonders anstrengend. Ideal zum „eingewöhnen" in Schritt und Tempo, sowie Atmung.

Tipps zum Tag:
Ein paar leichte Trekking- bzw. Wanderschuhe zum tragen in den Camps mit einpacken. Dann muss man nicht auch noch im Camp mit den Bergstiefeln rumlaufen. Das entspannt Beine und Füße.

Regenüberzug immer Griffbereit haben. Es kann sehr schnell heftig zu regnen beginnen.

Vom Forrest-Camp zum Shira-Camp I

Dienstag, 24. Januar 2017. Um 7 Uhr werde ich von Jack und Isaac geweckt: *„Good morning! Tea or Coffee?"* Der heiß dampfende und wohlduftende Kaffee im Zelt wärmt und weckt mich rasch auf. Zur morgendlichen Körperpflege gibt's je eine Schüssel mit warmem und kaltem Wasser. Abends dasselbe Prozedere. Das Wasser ist ausreichend um sich anständig zu waschen. Ich habe mich bewusst täglich rasiert und auch die Haare gewaschen, etwas anderes kam für mich nicht in Frage. Eine reine Sache der eigenen Logistik ist es wenn man sich erst die Zähne putzt und dann die Füße wäscht. Aber spätestens am zweiten Tage hatte ich den Dreh raus!

Morgentoilette im Forrest-Camp

Gegen 7.30 gibt's Frühstück im Gemeinschaftszelt. Es wird täglich Porridge, Rührei, Honig, Margarine und Marmelade dazu Toastbrot serviert. Manchmal gibt es auch Würstchen und Schinken. Auch frisches Obst wie Ananas, Melonen und Mango steht bereit.

Nun kommen die ersten Sonnenstrahlen durch die dichten Baumkronen bei uns an. Eine Wohltat nach dem Regenguss von gestern und der nasskalten Nacht im Zelt.

Vorstellungsrunde der Porters mit Gesangs- und Tanzeinlage

Nach dem Frühstück trifft sich unsere gesamte Expedition vor dem Gemeinschaftszelt. Die Träger (Porters) stellen sich uns einzeln vor. Dann singt die ganze Truppe mehrere Lieder wie im Chor. Im `gute Laune verbreiten` sind die Tansanier wirklich spitze. Um 9.15 Uhr ist Abmarsch. Die nächsten 15 km geht es durch dichten Urwald immer kurze Stücke sehr steil auf und ab. Wir haben keine Aussicht aber dafür durchwandern wir eine großartige Botanik. Besonders imposant sind die Mammutbäume welche es an den Hängen des Kilimandscharo in großer Menge gibt. Die dicksten Red-Wood-Bäume an denen wir vorbeilaufen haben auf Augenhöhe geschätzt einen Durchmesser von ca. 2 Metern und sind mindestens 60 bis 70 Meter hoch. Der höchste Baum Afrikas steht auch hier am Kilimandscharo. Forscher der Universität Bayreuth entdeckten den 81,5 Meter hohen Baum im Jahr 2016 am Südhang des Kilimandscharo.

Sehr imposant sind die Mammutbäume, die „Red-Wood-Trees"

Blick durch die Büsche auf die hügelige Landschaft. Übergang vom Regenwald in die Hochmoorzone.

In dem satten Grün tummeln sich jede Menge Bunte Vögel. Auch Meerkatzen sehen wir vereinzelt in den Bäumen sitzen. Langsam verlassen wir den Urwald. Es ist sehr schwül und heiß. Plötzlich sind wir dankbar für jeden schattenspendenden Baum oder Busch. Wir befinden uns mitten in einer Landschaft aus etwa 2 Meter hohen dichten Stauden. Laut Daniel heißen diese *"Kichachalia"* – oder so ähnlich! Jedenfalls sind die Blätter für die Einheimischen ein Allheilmittel. Unter anderem helfen die Blätter – gekaut oder als Tee aufgegossen – bei Magen-Darmbeschwerden und Halsschmerzen. Auch bei und gegen Malaria kommt die Pflanze zur Anwendung. Am Kilimandscharo gibt es über 600 verschiedene Pflanzenarten. Davon werden von den Einheimischen ca. 180 als Heilpflanzen oder auch als „Zaubermittel" verwendet.

Daniel beantwortet immer gerne und freundlich unsere Fragen

Nun durchlaufen wir eine große Hochmoorfläche. Wunderschön anzusehen sind die so genannten Fackellilien und der Zuckerbusch mit seinen riesigen Blüten. Es folgt ein sehr steiler Aufstieg. Riesige Felsblöcke erinnern mich an den heimatlichen Steinwald und das Felsenlabyrinth der Luisenburg. Wir machen regelmäßig kurze Trinkpausen und genießen dabei erstmals weite grandiose Ausblicke. Wir haben gute Sicht auf den Mount Meru (4.565 M.) und zu dem über 100 km entfernten Usambara-Gebirge. Vom höchsten Punkt unseres Tagesmarsches auf ca. 3600 Meter haben wir eine Super Aussicht auf das felsige weite Hochplateau welches wir am nächsten Tag durchwandern werden.

Immer Platz machen für die Träger. Sie gehen trotz ihrer Lasten deutlich schneller als wir.

Kurz nach 16.00 Uhr treffen wir im 3.610 Meter hoch gelegenen Shira-Camp 1 ein. Ein kalter Wind weht uns den feinen roten Staub ins Gesicht. Nachdem wir die Zelte bezogen haben treffen wir uns um 17.00 Uhr zu einem Meeting im Gemeinschaftszelt. Es gibt Kaffee und Tee, dazu frisches Popcorn und Erdnüsse. Anschließend inspiziere ich etwas die Gegend rund ums Lager. Es ist sehr rauh, nasskalt und ungemütlich. Der Kibo-Gipfel ist in Wolken verhüllt. Um 18.30 Uhr gibt's Abendessen. Heute gibt's Beefsteaks mit Pommes und Salaten. Danach werden kleine Bananen und Mangos gereicht und es folgt die Einweisung für den kommenden Tag. Daniel lernt uns diverse wichtige Begriffe aus der Landessprache. Um 20.30 Uhr verkrieche ich mich in meinen Schlafsack. Ich denke an meine Tochter Lena, welche genau heute ihren 18. Geburtstag feiern kann. Sie gab mir einen Glücksbringer mit welchen ich immer bei mir trage. Der Wind rüttelt am Zelt. Ich kann aber einigermaßen gut schlafen.

Ein wichtiges Utensil war die Campingtoilette

Etappeninfo:
Start in 2.650 Metern Höhe. Höhenmeter 1.000. Gehzeit 5 – 6 Stunden.

Tipp zum Tag:
Ausreichend trinken ist während der ganzen Tour absolut wichtig. Trinkflaschen sollten deshalb immer in Reichweite sein. Also Flaschen nicht in den Rucksack packen sondern so am Rucksack oder Gürtel anbringen das man diese ohne großen Aufwand jederzeit benutzen kann. Noch besser: Es gibt in den Rucksack integrierte Trinksysteme mit Trinkschlauch.

Vom Shira-Camp I zum Shira-Camp II

Mittwoch, 25. Jan. 2017. Heute ist um 6.00 Uhr wecken. Ich genieße den heißen Kaffee im Zelt. Um 7.00 Uhr Frühstück. Unser Tagesziel heißt Shira-Camp 2 und davor Aufstieg zum kleinsten der drei Kilimandscharogipfel, dem Shira mit 3.872 Metern. Während wir noch beim Frühstück sitzen herrscht auf einmal eine gewisse Unruhe im Lager. Grund dafür ist das sich urplötzlich die Wolken verzogen haben und man eine grandiose Aussicht auf den Kibo-Gipfel hat. Das lassen wir uns natürlich nicht entgehen. Das Frühstück muss erst mal warten. Leider dauert das Schauspiel nicht allzu lange und schon verschwindet der Gipfel wieder hinter dunklen Wolken.

Als wir um 8.00 Uhr loswandern herrscht strahlender Sonnenschein. Die Luft ist aber sehr kalt. Alles in allem ein durchaus angenehmes Wetter zum wandern. Wir starten sehr langsam. Es geht durchs flache Hochmoor. Riesige Lavabrocken säumen unseren Weg. Bäume gibt es hier nicht mehr. Erstmals sehen wir Lobelien – ein Glockenblumengewächs – welches aber eher einem Kaktus ähnelt. Diese blühen am Kilimandscharo noch in über 4000 Metern Höhe. Die Hochebene, welche wir langsam im Gänsemarsch durchwandern, erscheint uns endlos. Abwechslung bringen nur einige Gebirgsbäche welche wir über große Steine im Bachbett überqueren müssen. Brücken oder Stege gibt es nicht. In der Ferne sehen wir den Shira-Gipfel. Die Entfernung kann man nicht schätzen. Während einer Pause erzählt uns Daniel dass in der Regenzeit hier der Schnee bis zu 2 Meter hoch liegen kann.

Die Etappe durch die flache Hochebene zieht sich. Kaum vorstellbar das zur Regenzeit hier der Schnee meterhoch liegen kann.

So flach ist die „Hochebene" gar nicht. Immer wieder muss man Bäche und kleinere Schluchten queren. Hinten rechts ist der Shira erkennbar.

Nur langsam kommen wir dem Shira-Gipfel näher

Die Etappe verläuft bisher ohne nennenswerte Steigung. Sonne und Wolken wechseln sich ab. Und damit auch die gefühlte Temperatur. Warm, kalt, warm, kalt, usw. Nun kommen wir dem Shira endlich näher und der Anstieg wird etwas steiler. An der sogenannten „Cathetral-Junction" in 3.806 Metern Höhe machen wir Rast. Die Rucksäcke lassen wir hier zurück und steigen dann zum Shira-Gipfel auf. Der Aufstieg ist technisch nicht sehr schwierig. Doch man muss aufpassen, die Felsen sind nass und sehr glatt. Mir graut vor dem Abstieg! Die Höhenangaben zum Shira weichen in den verschiedenen Reiseführern voneinander ab. Der Shira-Gipfel wird aktuell in Google mit 3.962 Metern angegeben. Auf der Gipfeltafel stehen 3.872 Meter. Keine Ahnung wie hoch wir nun wirklich waren? War aber sowieso egal denn wir befanden uns mitten in einer riesigen Nebelwolke und hatten vom Gipfel aus leider keinerlei Aussicht. Während des Abstieges teilt der Shira-Kamm die Wolke. Rechts von uns ist die dunkle Wolke, links nun freie Sicht auf die weite flache Ebene welche wir heute durchquerten. An ein paar Stellen kann man in steile, tief zerklüftete Schluchten blicken. Die Szene erinnert mich an die Landschaften im Film Jurassic Park.

Beim Aufstieg zum Shira-Gipfel können wir auf die Hochebene zurückblicken welche wir heute durchwandert haben.

Lobelie

Nun brechen wir auf in Richtung Shira-Camp II. Der Weg dorthin ist nicht sehr schwierig, zieht sich aber gefühlt sehr in die Länge. Es ist bewölkt und ungemütlich. Beißender Wind und leichter Regen wechseln sich ab. Wir queren eine breite Straße, die „Shira-Evacuation-Road" - ein Versorgungsweg welcher vom Londorossi-Gate hierher führt. Die Straße endet an einem Hubschrauberlandeplatz in ca. 3.700 Metern Höhe. Von hier aus kommt man nur noch zu Fuß voran. Die Wege sind steinig und staubig. Gegen 15.00 Uhr kommen wir im Shira-Camp II auf 3.850 Metern Höhe an. Die sauerstoffarme Luft macht sich immer mehr bemerkbar, wir sind alle ziemlich k.o.

Koch Jack wartet schon mit dem verspäteten Mittagessen auf uns. Es gibt Hühnchen, Gemüsekraut und Pommes. Ab sofort sind die so genannten „White-Necked-Raven" unsere ständigen Begleiter. Die   Rabenvögel (Geierraben) lauern frech auf Essensreste und Küchenabfälle. Sie kommen am Kilimandscharo noch bis in über 5.500 Metern Höhe vor. An die Touristen sind sie bestens gewöhnt.

Ständige Begleiter am Kililmandscharo:
„White-Necked-Raven"

Im Lager herrscht reger Betrieb, wir hören Hammerschläge! Es wird gerade eine neue Hütte für die Ranger gebaut. Unten am Hubschrauberlandeplatz sahen wir bereits einen Arbeiter welcher Mörtel per Hand in Eimern anmischte. Wir wussten aber nicht für was er diesen benötigte. Und nun bekamen wir einen erneuten Eindruck von Tansanischer Gelassenheit und Zeitempfindens. Denn der Arbeiter trug je 2 Eimer Mörtel hierher hoch zu der Baustelle. Entfernung ungefähr 2 Kilometer und etwa 200 Höhenmeter in teilweise sehr steilem Gelände. Die 2 Eimer wurden an der Baustelle geleert und schon wanderte er zurück zum Landeplatz um weitere 2 Eimer zu mischen und dann den Berg hoch zu tragen. Wenn er dies den ganzen Tag praktizierte so kommt er geschätzt auf 12, maximal 14 Eimer. In Deutschland würde diese Menge in wenigen Minuten verarbeitet werden! Faszinierend.

Seit unserer Abfahrt in Moshi haben wir keinen Handyempfang. Das ist gut so. Um 17.00 Uhr geben uns die Porters wieder eine Gesangs- und Tanzeinlage. Die Tanzshow dauert über 30 Minuten. Wir werden zum Mitmachen und Mitsingen animiert. Alle haben Spaß. Wir verstehen zwar kein Wort von dem Gesang aber aus der Mimik aller Beteiligten können wir schließen dass es lustige Liedtexte sind. Die Tanzeinlagen einiger Porter sind showreif. Sie erinnern mich an Breakdancer. In den letzten beiden Tagen haben wir nun schon einige unserer Begleiter etwas näher kennen gelernt und man kann die Gesichter schon etwas besser unterscheiden. Die meisten meiden aber den Kontakt zu uns „Touris". Unsere treuen Begleiter, welche immer die Nachhut bilden, damit keiner zurückbleibt, heißen John, Richard und Peter. Sie sprechen ungefähr so gut – oder schlecht - Englisch wie ich und darum kann ich mich gut mit ihnen unterhalten. Sie scheinen einfach immer gut drauf zu sein. Alle drei begleiten uns später auch mit auf den Gipfel. John erzählt mir dass er schon über 50 Mal oben war.

Jede Menge Tanz und Gesang zum Feierabend

Auch mein kleiner Freund Jack hat Spaß

Die Deutsch klingenden Namen rühren daher das Tansania lange Zeit zur deutschen Kolonie Ostafrika gehörte und es aufgrund früherer Missionarischer Tätigkeit auch heute noch viele Katholiken hier gibt. Bis zum Ende der Deutschen Kolonialherrschaft am Ende des Ersten Weltkrieges war der Kilimandscharo somit amtlich der Höchste Berg Deutschlands. Die Höhe des Kibo wurde damals – bis zu seiner Neuvermessung im Jahr 1952 – mit 6010 Metern angegeben. Von 1902 bis 1964 hieß der Berg offiziell „Kaiser-Wilhelm-Spitze". Ab 1918 übernahmen die Engländer das Kommando über die ehemals deutsche Kolonie. Sie brachten auch den Linksverkehr mit.

Etwa um 18.30 versammeln wir uns zum Abendessen. Es gibt Suppe und dann Nudeln mit Hackfleischsoße. Sogleich erfolgt die Vorbesprechung wie der nächste Tag abläuft. Was in den Rucksack muss usw. Danach erzählt uns Daniel wieder interessante Infos über den Berg, die Region und seine Landsleute. Heute erklärt er uns auch ein einfaches Sozialsystem, welches gerade bei den Großfamilien in den armen ländlichen Gegenden noch häufig praktiziert wird. Da viele Leute nicht arbeiten, bzw. nur tage- oder stundenweise jobben, haben sie auch keine Krankenversicherung oder Rentenvorsorge. So hat jede Familie ihre oberste Chefin, genannt die „Big-Mama". Jedes Familienmitglied das Geld verdient muss dies bei der Big-Mama abliefern, sie verwaltet den Topf. Die ganze Familie wird von dem Geld ernährt und versorgt. Notwendige Anschaffungen oder Medikamente, Arztbehandlungen und Operationen können somit bezahlt werden. Man hilft sich unkompliziert gegenseitig. Solidarität wird hier gelebt und praktiziert, ganz ohne Gesetz. So etwas ist für mich, der ich aus Deutschland komme, welches sich in allen Bereichen zu Tode reguliert, wirklich bemerkenswert. Um 20.00 Uhr bin ich im Schlafsack.

Abendstimmung im Shira-Camp II mit Blick zurück auf den Shira-Gipfel. Auf den Fotos kommt meist nicht zur Geltung wie Steil das Gelände eigentlich ist.

Etappeninfo:
Start in 3.610 Metern Höhe. Höhenmeter 600. Gehzeit 4 – 5 Stunden.
Höhenmeter incl. Aufstieg zum Dritthöchsten Gipfel dem Shira-Point auf 3.872 Meter.
Achtung: Der Shira-Gipfel ist nicht ungefährlich, es gibt ein paar steile Stellen und man kommt tiefen Schluchten sehr nahe. Also: erhöhte Absturzgefahr! Besonders bei dichtem Nebel.

Tipp zum Tag:
Ich habe nachts im Zelt manchmal eine Kerze angezündet. Dies gibt zum einen etwas Licht und wärmt auf Dauer den Innenraum doch etwas auf. Natürlich ist aufzupassen dass man nicht das Zelt samt Ausrüstung abfackelt.

Vom Shira-Camp II zum Lava-Tower und Barranco-Camp

Donnerstag, 26. Jan. 2017. Um 6 Uhr werden wir geweckt. Es ist noch stockdunkel. Kurz vor 7.00 Uhr gibt's Frühstück und um 8.00 Uhr ist Abmarsch. Unser Tagesziel ist das Barranco-Camp. Diese Tagestour war für mich die schwierigste, bzw. von der Gipfelnacht abgesehen, die anstrengendste. Das Wetter ist vormittags noch einigermaßen gut. In Blickrichtung zurück zum Shira-Gipfel haben wir eine sehr gute Fernsicht. Der Kilimandscharo-Gipfel ist nicht zu sehen. Es erfolgt ein langer Aufstieg. Es gibt um uns herum nur noch Geröll und riesige schwarze Lavabrocken. Die Pfade zwischen den schroffen Steinriesen sind staubig. Eine Mondlandschaft - wie man sich eben eine Mondlandschaft vorstellt.

Aus der Ferne konnte man nicht unterscheiden ob es sich um Felsen oder Menschen handelt. An diesem Punkt treffen die Lemosho-Route und die Machame-Route zusammen.

Schlagartig verändert sich die Landschaft – Plötzlich gibt es nur noch schwarze Lavasteine in allen Größen.

Die Lemosho-Route trifft nun mit der Machame-Route, genannt „Whiskey-Route", zusammen. Plötzlich sind wir nicht mehr ganz so allein. Wir treffen allerlei Nationen. Japaner, Chinesen, Amerikaner und auch Franzosen, Italiener und Holländer. Das Wetter wird schlechter. Wir haben keine Sicht mehr, sind direkt in den Wolken. Der „Lava-Tower" – ein etwa 50 Meter hoher freistehender Lava-Felsen – ist nur kurz zu erkennen. Erschöpft kommen wir gegen Mittag in dem Camp am Lava-Tower auf 4.600 Metern Höhe an. Es schneit, es ist sehr windig und eiskalt. Man darf nicht vergessen dass man sich hier etwa 2.000 Meter über Watzmann-Niveau befindet.

Daniel entscheidet dass wir den Lava-Tower nicht besteigen. Das wäre zu gefährlich. Es gibt dort sehr steile Passagen welche heute sicher vereist sind. Wir sind froh über diese Entscheidung da wir alle ziemlich verausgabt dreinblicken - und gesehen hätten wir bei diesem Schneesturm eh nichts. Schade ist nur das wir den Ausblick auf die berühmte „Breach-

Wall" nicht genießen können. Die Breach-Wall ist die steilste Wand auf dem Afrikanischen Kontinent und auch die schwierigste Strecke für Bergsteiger in Afrika. Vergleichbar mit der bekannten Eiger-Nordwand. Das ist nur was für geübte Kletterer. Reinhold Messner durchstieg 1978 erstmals diese Wand. Neben dem Shira-Gipfel ist der Lava-Tower leider der zweite markante Aussichtspunkt den wir aufgrund schlechten Wetters nicht nutzen können.

Am Fuße des Lava-Towers.

Das Mittagessen – heute „nur" ein Lunchpaket – findet im Schneegestöber statt. Ich suche Schutz unter einem Felsen und genieße dort das mittlerweile fast durchgefrorene halbe Hühnchen. Gesellschaft leisten mir nur ein paar Streifenmäuse. Sie machen einen wohlgenährten Eindruck. Ich gebe ihnen gerne ein paar Brotkrümel ab.

Weiter geht es in Richtung Barranco-Camp. Der erste Abstieg ist sehr steil und Anstrengend. Es geht durch loses Geröll. Die Steine sind glitschig. Endlich reißt es auf und von einer Minute auf die andere wird es sehr schwül. Auf dem Pfad ist sehr viel los, alle haben das gleiche Tagesziel. Die Gruppen vermischen sich. Erstmals sehen wir nun die Riesen-Senezien, bizarre Pflanzen welche oberhalb der Baumgrenze wachsen. Erst nur einzelne Exemplare, und später durchlaufen wir ganze Senezienwälder. Senezien können bis zu 7 Meter hoch werden. Angeblich werden diese nur hier am Kilimandscharo so hoch. Sie erinnern mich vom Aussehen an südländische Palmen. Faszinierend für mich ist das diese mehrere Hundert Jahre alt werden können. Sie sind streng geschützt. Viele der Gewächse welche direkt an den Touristenpfaden stehen „leiden" aber etwas, denn fast jeder Wanderer muss diese mit seinen Händen begutachten. Früher wurden Senezien auch gerne als Brennmaterial abgeholzt.

Zum ersten Mal sehen wir nun die bizarren Senezien

Auf dem Weg zum Barranco-Camp gibt es besonders
viele der Riesen-Senezien.

Erstmals erkennen wir in der Ferne die „Barranco-Wall" – genannt „Breakfast-Wall" – welche in leichtem Nebeldunst hell schimmert. Den Serpentinenhaften Aufstiegspfad kann man aus der Entfernung sehr gut erkennen, da er sich farblich von der sonst eher schwarzen Wand abhebt.

Blick zur Barranco-Wall. Der Aufstiegspfad ist aus der Ferne deutlich zu erkennen.

Es geht seit Stunden meist nur bergab. Meine Knie schmerzen. Gegen 16.00 Uhr erreichen wir das Barranco-Camp auf 3.900 Metern Höhe – das bisher größte Lager. Man kann fast schon sagen, eine Zeltkleinstadt. Das Camp liegt geschützt zwischen einem steilen Bergrücken auf der einen Seite und der steil empor ragenden Barranco-Wall auf der anderen Seite. Es ist windstill. Im Lager herrscht das nun schon gewohnte lebhafte Treiben. Irgendwie komme ich mir vor wie in einem riesigen orientalischen Basar. Aus jeder Richtung hört man Stimmen. Irgendwo läuft Musik. Man trifft auf allerlei Nationen. Ich schätze das hier über 1000 Leute nächtigen. Das große Gemeinschafts-Toilettenhaus ist entsprechend „voll" und nicht zu empfehlen. Aber was nützt es, wenn man muss!

Im Barranco-Camp

Nach einer kurzen Pause und Zeltbezug erkunde ich noch etwas die Umgebung und mache Fotos von den unterschiedlichsten, mir namentlich nicht bekannten, Pflanzen und Blumen. Unser treuer Begleiter John ist derweil damit beschäftigt den Bergschuh eines Team-Kameraden zu reparieren. Die Sohle hatte sich seitlich vom Leder abgelöst. Zum Glück hat John immer sein Schusterwerkzeug dabei. Sehr fachmännisch repariert er den Schuh, näht die Sohle gekonnt wieder an und verklebt sie. Das macht er nicht zum ersten Mal! Der Kollege gibt ihm dafür nach der Tour ein Extra-Trinkgeld.

Blick vom Barranco-Camp zum Kibo-Gipfel mit der berühmten Western-Breach-Wall.

Nun kommt Wind auf. Schneeweiße Wolken und Nebelfelder ziehen rasch vom Tal aufwärts. Für ein paar Minuten wird es fast dunkel. Die Wand ist nicht mehr zu sehen. Der Nebel-Spuk dauert etwa 15 Minuten, dann gibt es ganz plötzlich klare freie Sicht auf den Kibo-Gipfel. Es ist ein sehr imposanter Aufblick. Von hier aus trennen uns noch ca. 2.200 Höhenmeter vom Uhuru Peak. Als Vergleich, so wie man von Garmisch aus zum Zugspitzgipfel hochschaut. Das Schauspiel dauert aber höchstens 10 Minuten dann verschwindet der Gipfel wieder hinter den dichten Wolken. Da haben wir beim Abendessen ausreichend Gesprächsstoff. Es gibt übrigens Spaghetti mit Gemüsesoße. Der Koch ist wirklich spitze. Stellenweise hat man hier Handy-Empfang. Ich schicke Grüße nach Hause.
Wir sind hier ca. 350 km südlich des Äquators. Es wird ganzjährig fast immer um ca. 18.30 Uhr sehr schnell dunkel. In dieser Nacht klart es später auf und man kann im Tal die

Lichter der anliegenden Orte sehen. Der Sternenhimmel ist überwältigend, atemberaubend. So einen Sternenhimmel mit so vielen Sternen habe ich bis dahin noch nicht gesehen. Da ist es doch was gutes dass man nachts mal raus muss! Bei meinem Zelt ist der Reißverschluss ausgerissen. Ich kann es bis auf einen kleinen Spalt nicht mehr ganz schließen! In dieser Nacht hab ich – unabhängig von dem offenen Spalt - sehr gefroren. Ich schlafe mit der Mütze auf dem Kopf und mit der Thermo-Unterwäsche. Alles in allem eine sehr unruhige nasskalte Nacht für mich. Ich freu mich schon auf Jack und seinen heißen Kaffee.

Jackson, unser Meister-Koch, ist auch ein Meister im Gute-Laune-Verbreiten.

Aufgrund der etwas geschützten Lage gibt es rund ums Barranco-Camp eine besondere botanische Artenvielfalt.

Etappeninfo:
Start in 3.850 Metern Höhe. Höhenmeter 1.600. Gehzeit 6 – 7 Stunden.
Aufstieg auf 4.600 Meter zum Lava-Tower. Würde man noch auf den Felsen Lava-Tower aufsteigen wären das nochmals ca. 140 Höhenmeter.

Tipp zum Tag:
Speziell für Fotografen: Ich habe meine Kamera immer in eine Plastiktüte (stabiler Gefrierbeutel) verpackt und mit einer Klammer fest verschlossen. Das verhindert dass sich der feine Lavastaub in der Kamera festsetzt und diese dadurch innen verschmutzt und evtl. funktionsunfähig wird.

Vom Barranco-Camp zum Karanga-Camp

Fr. 27. Jan. 2017. Um 7.00 erfolgt das Wecken in gewohnter Weise. Es ist sehr eisig. Die Zelte sind alle mit einer dünnen Eisschicht überzogen. Als wir um 8.00 Uhr zum Frühstück gehen sind die meisten Zelte im Lager schon wieder abgebaut. Auch wir haben die Zelte schon geräumt und unser Gepäck verstaut. Die Träger wollen zeitig los. Wieder lässt sich der Gipfel des Kibo kurz sehen. Bis abends wird dann leider nichts mehr von ihm zu sehen sein.

Als letzte Gruppe verlassen wir das Lager. Von Hunderten Zelten welche gerade hier standen ist nicht ein einziges mehr zu sehen. Nachdem wir noch einen kleinen Gebirgsbach überquert haben, stehen wir nun direkt vor der etwa 300 Meter hohen Wand. Etwas mulmig ist uns allen bei dem Anblick schon zumute. Wir sehen eine endlose Menschenschlange welche sich im Gänsemarsch langsam in der Wand hochkämpft. Aus Sicherheitsgründen müssen wir unsere Wanderstöcke abgeben, damit keiner hängenbleibt oder darüber stolpert. John, Peter u. Richard tragen alle unsere Stöcke. Der Aufstieg ist beschwerlich. Die Felsen sind glatt und rutschig. Es geht zu wie im Ameisenhaufen. Die Träger haben es eilig und überholen uns auf dem schmalen Pfad. Der Abgrund wird immer höher – Seilsicherungen wie in den Alpen - gibt es hier nicht. Erst als wir etwa die Hälfte der Wand erreicht haben wird es ruhiger. Nun sind alle Träger an uns vorbei. Die Gruppen vor uns werden – und wollen - wir nicht mehr einholen. Immer „Pole Pole"! Immer schön Luft holen!

Ein nicht ganz ungefährliches Gewusel herrscht beim Aufstieg in der Barranco-Wall. Seilsicherungen gibt es nicht.

Der Begriff „Pole Pole" scheint hier plötzlich außer Kraft

Ich blicke oft hinunter auf das nun leere Barranco-Camp. Schon bald werden die nächsten Gruppen dort eintreffen. Nach über einer Stunde lassen wir die Breakfast-Wall hinter uns. Gegen Mittag folgt eine längere Rast. Wir sind auf ca. 4400 Metern Höhe auf einem riesigen Felsplateau, bestehend aus schwarzem Gestein. Die Aussicht hält sich wieder in Grenzen. Das Wetter wechselt fast minütlich von bewölkt auf sonnig. Zwischendurch immer wieder kurzer leichte Regen- und Graupelschauer. Da war es wieder, das Chamäleon-Wetter! Diesen schnellen Wetterwechsel werden wir in den nächsten Tagen noch regelmäßig spüren. Obwohl wir mit dem Wetter alles in allem riesen Glück hatten.

Peter, John u. Richard nachdem wir die „Breakfast-Wall" geschafft haben. Sie waren einfach immer „gut drauf"!

Ich weiß nicht ob ich mir das nur eingebildet habe, aber ich meine an manchen Stellen Schwefelgeruch in der Nase zu spüren. So ganz erloschen ist er ja noch nicht der Vulkan Kilimandscharo! Nach dem wir die riesigen schwarzen Felsen hinter uns gelassen haben, folgt ein sehr öder Abschnitt. Fast einer Wüste gleich. Keine Steine, keine Büsche. Die Pfade sind sehr staubig und der Wind bläst den feinen Lavastaub in meine Augen. Es fühlt sich an wie wenn man eine Bindehautentzündung hat. Zum Schutz vor dem Staub setze ich trotz Wolken meine Sonnenbrille auf. Nun wird es etwas besser. Bei jeder Pause wasche ich meine Augen mit Wasser aus. Dies wird noch bis zum nächsten Tag so weitergehen. Ich habe Angst dass ich wirklich eine Entzündung habe, bzw. das diese im Anflug ist.

Eine staubige Angelegenheit, Schwefelgeruch inklusive.

Die restliche Strecke bis zum Karanga-Camp ist ein ständiges Auf und Ab. Dies ist sehr anstrengend da es steile Passagen zu überwinden gilt und der Untergrund ständig wechselt. Von griffigem zu rutschigem Stein, von Geröll zu schmierigem, roten Sand – welcher sich wie Lehm an den Schuhen festsetzt. Wir durchqueren sehr schöne Canyons. Immer wieder überqueren wir dabei auch kleinere Wasserläufe. Vor dem letzten Aufstieg zum Karanga-Camp beobachten wir Wasserträger, welche aus dem Bach den wir queren Wasser schöpfen. Dies tragen sie dann in Kanistern hoch zum

Karanga-Camp und auf einer anderen Strecke auch direkt weiter zum Barafu-Camp, in 4.673 Metern Höhe. Jeder von ihnen geht die Strecke mehrmals täglich. Und bei den Kanistern handelt es sich wohlgemerkt nicht nur um kleine 5-Liter-Kanister! Eine Wahnsinnsleistung! Man stelle sich zum Vergleich vor man müsste eine Kiste Bier dort hochtragen. Ab dem Karanga-Camp wird das Trinkwasser pro Gruppe rationiert. Wir hatten aber jederzeit ausreichend Wasser zu trinken.

Das Wasser aus den Bächen in den oberen Bereichen des Kilimandscharo kann bzw. könnte man Bedenkenlos trinken. Je weiter unten am Berg man Wasser schöpft, desto mehr ist dieses mit Abfällen usw. verschmutzt. Grundsätzlich sollte man aber niemals nicht abgekochtes Wasser trinken und zusätzlich noch immer Sterilisationstabletten verwenden.

Der letzte Aufstieg zum Karanga-Camp ist sehr steil und kostet mir viel Kraft. Zahlreiche hohe Felsstufen sind zu überwinden. Wir kommen gegen 15.00 Uhr im Karanga-Camp auf 3.995 Metern Höhe an. Ich fühle mich total fertig und kraftlos. Die Augen brennen und ich hab Kopfweh. Füße und Knie schmerzen. Die anderen aus der Gruppe muntern mich etwas auf. Nach einem guten Kaffee und wohlschmeckenden warmen Schinken-Sandwiches kommt wieder etwas Leben in meinen Körper.

Doch Daniel gönnt uns heute noch keine Ruhe. Nach der halbstündigen Pause steigen wir zum Akklimatisationstraining nochmals gut 300 Höhenmeter auf – zum Glück ohne Rucksäcke. Oben machen wir fast eine Stunde lang Rast. Ich genieße die Aussicht so gut es meine brennenden Augen zulassen.

Pause nach dem Aufstieg auf ca. 4300 Meter
als Akklimatisations-Training

Etwas eilig gehen wir dann zurück in Richtung Camp um pünktlich zum Abendessen dort zu sein. Auf dem Rückweg schlägt das „Chamäleon" wieder zu: Sonne, Wolken, Nebel, Regen und Schnee ziehen abwechselnd über uns hinweg! Wir wundern uns warum heute das Essen ganz besonders gut schmeckt. Es gibt Suppe, Hühnchen und Schnitzel, dazu Kartoffeln und Reis. Grund war, dass die kleine Tochter eines unserer Träger plötzlich krank geworden war und er deshalb schon gestern auf direktem Weg ins Tal abstieg, um sie zu besuchen. Auf dem Rückweg brachte er nun gleich frische Waren für unseren Koch mit. Verrückt! Mal „schnell" ca. 3000 Höhenmeter vom Barranco-Camp ins Tal abzusteigen und dann voll beladen wieder zu uns hoch zu kommen!

Am Abend lässt sich ganz kurz nochmal der Gipfel des Kibo durch die hohen Wolken blicken. Der Gipfel erstrahlt in prächtigem Rot zum Sonnenuntergang. Doch ehe ich meinen Fotoapparat aus dem Zelt hole ist die Pracht schon wieder vorbei. In dieser Nacht schlafe ich erstmals etwas besser.

Vielleicht gewöhnt man sich langsam an das Schlafen im Zelt? Oder war ich einfach nur entsprechend Müde nach dieser anstrengenden Etappe?

Abendstimmung im Karanga-Camp

Etappeninfo:
Start in 3.900 Metern Höhe. Höhenmeter 800. Zusätzlich 600 Höhenmeter Akklimatisationsübung. Gehzeit 4 – 5 Stunden. Zusätzlich Akklimatisationsübung 2 Stunden. Anspruchsvoller Aufstieg Barranco-Wall.

Tipp zum Tag:
Eine Schutzbrille gegen den feinen Lavastaub ist von Vorteil. Es kann statt der normalen Sonnenbrille z.B. eine Skibrille verwendet werden welche die Augen gut einschließt. Unbedingt auf den richtigen UV-Faktor achten. Sonnencreme/Sonnenspray nicht vergessen und dieses auch verwenden. Auch wenn die Sonne gerade nicht zu sehen ist.

Vom Karanga-Camp zum Barafu-Camp

Samstag, 28. Jan. 2017. Um 7.00 Uhr ist wecken. Ich freu mich auf den wärmenden Kaffee. Es ist kalt aber sonnig und klar. Zum Frühstück um 8.00 Uhr lässt sich auch der Gipfel wieder sehen. Wir trinken unseren Kaffee draußen und genießen dabei den Ausblick zum Kibo-Gipfel. Hoffentlich haben wir morgen früh auch so schönes Wetter – da wollen wir ungefähr um diese Zeit am Gipfel sein.

Links vorne mein Zelt im Karanga-Camp. Früh morgens herrschte klare Sicht zum Kibo-Gipfel. Der Gipfelberg erscheint einem auf diesem Bild nur wie ein „naher kleiner Hügel" auf den man schnell mal steigen kann. Schwer vorstellbar das es von hier aus knapp 2000 Meter Höhenunterschied zum Uhuru Peak sind.

Die Strecke zum Base-Camp oder Barafu-Camp ist zwar nicht allzu weit, es sind aber immerhin ca. 700 Höhenmeter bergauf zu bewältigen in einer durchschnittlichen Höhe von etwa 4.500 Meter über NN! In fünf Stunden wollen wir das schaffen. Im Anschluss werden wir dann noch auf knapp 5.000 Meter aufsteigen um uns vor dem Gipfelanstieg nochmals ein wenig an die große Höhe zu gewöhnen. Also sind für heute ca. 1.100 Höhenmeter Bergauf vorgesehen. Kurz vor 9.00 Uhr geht's los: *„Double Check, Double Check – Pole, Pole"* ruft Daniel! Das erste Stück der Strecke kennen wir ja schon von gestern. Es geht stellenweise sehr steil bergauf. Wir durchlaufen eine reine Geröllwüste. Die Botanik fehlt in dieser Höhe gänzlich. Die Sonne scheint zwar, es ist aber eisig kalt. Zwischendurch graupelt und schneit es. In der Ferne können wir hoch auf einem Felsrücken trohnend unser Tagesziel erkennen, aber es sind von hier aus noch mindestens 2 anstrengende Stunden Gehzeit bis dort oben. Immer wieder begegnen bzw. überholen uns die Wasserträger. Das letzte Stück ist sehr steil. Träge eiern wir über die scharfen Steinkanten. Jeder Schritt will wohlüberlegt sein. Doch glücklicherweise gehen wir sehr langsam.

Eisiger Wind und schnelle Wetterwechsel auf dem Weg zum Base-Camp (Barafu-Camp)

Bereits kurz nach 13.00 Uhr kommen wir im Barafu-Camp (4.673 Meter) an. Es gibt hier nur noch Geröll, Steine und große Felsen. Die Zelte stehen entsprechend verstreut, da es nur sehr wenige plane Flächen gibt wo man überhaupt ein Zelt aufstellen kann. Die Heringe zur Befestigung werden in Felsspalten geschlagen oder die Spannschnüre einfach an Steinen fixiert.

Nichts für schwache Nerven: Die Toiletten der Porters im Barafu-Camp befinden sich direkt am Abgrund

Koch Jack wartet schon mit dem Mittagessen auf uns. Es ist schon ein besonderes Gefühl in ca. 4.700 Metern Höhe in den kulinarischen Genuss von Nudeln mit Pilzsoße zu kommen. Im Anschluss steigen wir – wieder ohne Rucksäcke – zwecks Akklimatisation auf knapp 5.000 Meter hoch. Von der Umgebung können wir wegen Nebel und leichtem Schneefall leider nichts sehen. Gegen 17.00 Uhr sind wir zurück im Lager und starten sofort mit dem Abendessen. Im Anschluss besprechen wir gemeinsam die nun anstehende Gipfelbesteigung. Daniel, John, Peter, Richard und weitere drei Männer aus unserem Trägerteam werden uns zum Gipfel begleiten. Daniel redet uns Mut zu: *„Isch habe mit meine Paapaaa gesproschen, das Wetter würd good, alles würd good!"*

Blick vom Barafu-Camp zum Gipfel. Von hier aus trennen uns noch etwa 1200 Höhenmeter vom Uhuru Peak.

Sehr schnelle Wetterwechsel sind in dieser Höhe nichts Ungewöhnliches.

Ab 18.00 Uhr bis 23.30 Uhr ist Schlafen angesagt. Doch das ist nicht so einfach. Tausend Gedanken gehen mir durch den Kopf. Wird es klappen? Haben wir Glück mit dem Wetter? Hab ich was vergessen? Passt die Ausrüstung? usw. usw. Ein bisschen konnte ich schlafen. Mir graut vor dem Augenblick wenn ich um halb zwölf nachts aus dem Zelt in die eisige Nacht muss. Die Thermounterwäsche habe ich eh seit Tagen nicht mehr ausgezogen. Dazu kommt nun noch eine Trekkinghose und eine weitere, dickere, Trekkinghose, ein weiteres Unterhemd, ein dickes Wollhemd, Pullover, Fleecejacke und Regenjacke. Zwei Wollmützen auf dem Kopf, Überzieh-Schal und Regenmütze. Zwei Paar Handschuhe sind parat.

Etappeninfo:
Start in 3.995 Metern Höhe. Höhenmeter 800. Zus. ca. 500 Höhenmeter Akklimatisationsübung. Gehzeit 5 – 6 Stunden. Zusätzlich Akklimatisationsübung 2 Stunden.

Tipp zum Tag:
Plastikflaschen sind am Berg verboten. Aber Shampoo, Duschgel und Zahnpasta sind ja nur in Plastikbehältern erhältlich. Durch die Druckveränderung aufgrund der enormen Höhe, oder auch durch den Transport, können sich diese öffnen oder brechen bzw. aufreißen. Ich habe diese deshalb zusätzlich in eine stabile Plastiktüte verpackt und mit einer Klammer fest verschlossen. Dadurch kann man ein Auslaufen auf die restliche Ausrüstung verhindern.

Vom Barafu-Camp zum Uhuru Peak

Sonntag, 29. Jan. 2017. Nach einer Stärkung mit Kaffee und ein paar Snacks geht's um 0.30 Uhr endlich los in Richtung Gipfel. Die Stirnlampen leisten sehr gute Dienste. Es hat derzeit „nur" minus 5 Grad. Wir wandern langsam aber stetig voran. Ab ca. 4900 Metern weht uns ein sehr heftiger und kalter Nordwind ins Gesicht. Meine Handschuhe sind scheiße! Ich habe eiskalte Finger. Mache eine Faust in den Fingerhandschuhen - was das halten meiner Stöcke sehr schwierig macht! Ich ziehe mein zweites Paar, die etwas dünneren, noch darunter. Wir gehen sehr langsam. Obwohl wir als Gruppe gehen, kommt es mir so vor als ob jeder für sich allein durch die stockdunkle Nacht tappt. Das liegt vielleicht auch daran, dass man vom Vordermann kaum etwas sieht. Etwa alle halbe Stunde machen wir eine kurze Rast um Wasser zu trinken und die Gruppe wieder als Gruppe zu sammeln.

- - -

Meine persönliche „Wallfahrt"

Um ca. halb drei Uhr machen wir eine etwas längere Rast. Mir unbekannte Gesellen servieren uns dampfend heißen Tee. Es sind nicht unsere Träger. Daniel sagt das wir uns im so genannten „Kosovo-Camp" befinden. Zu sehen ist davon aufgrund der extremen Dunkelheit rein gar nichts. Ich sitze auf einem kalten Stein und wärme meine fast gefrorenen Finger an der heißen Blechtasse. Und wie ich nun so da sitze und fast schon gierig den heißen Tee schlürfe, da spüre ich dass dies gerade ein ganz besonderer Moment für mich ist. Schneeflocken wehen mir ins Gesicht. Mit der Stirnlampe erleuchte ich den Grund meiner blechernen Tasse.

Die ganze Welt um mich herum interessiert mich gerade in keinster Weise. Ich bin mir nicht sicher ob ich überhaupt wach bin. Die Wolken sind plötzlich, wie in einem einzigen Augenblick, verschwunden. Ich sehe zum Himmel, sehe einen Sternenhimmel wie er vollkommener nicht sein könnte.

Absolute Stille, nur der Wind weht ein paar undefinierbare Stimmen aus der Ferne herbei. Alles fühlt sich etwas surreal an, aber zum ersten Mal, nach vielen Jahren, nach all den vielen Jahren bin ich gerade jetzt, jetzt in diesem Moment, voll und ganz bei mir selbst angekommen.

Reicher um die Erkenntnis dass sich die Welt, auch jetzt und hier am Kilimandscharo, nicht um mich dreht, sich nie um mich gedreht hat und sich auch niemals um mich drehen wird. Und Wohlwissend das es sich bei all den anderen Milliarden Bewohnern dieses Planeten ebenso verhält, nur das die große Mehrheit von Ihnen dies noch nicht realisiert hat. Ich bin mit mir im Reinen! Es ist wie ein Abschluss. Ich spüre förmlich wie ich den ganzen sinnlosen seelischen und körperlichen Ballast und lapidaren Mist aus längst vergangenen Zeiten, mit jedem Meter den ich dem Gipfel näher komme, ähnlich einer Wallfahrt, hier an diesem Berg meiner Träume, bei „Papa Kili", ablade. Ich fühle mich erleichtert und frei. Niemand könnte mich jetzt noch mit irgendwas beeindrucken. Nichts könnte mich jetzt ärgern, stören oder aus der Ruhe bringen. Ich bin einfach nur zufrieden, denn ich mache gerade das schönste das es für mich gibt, ich trinke **Tee am Kilimandscharo!**

- - -

Das Kosovo-Camp kann man bis heute übrigens in keinem Reisführer und auf keiner Landkarte finden. Es ist nur eine Zwischenstation, kein offizielles Touristen-Camp. Eine Art Proviantlager für die Porters und Ranger. Auch einige medizinische Utensilien gibt es dort. Verbandskästen und Tragen für Notfälle in der Gipfelregion. Auf unserem Rückweg werden wir nochmals dort pausieren.

Nun geht der Tross weiter. Es hat aufgehört zu schneien. Der Wind hat etwas nachgelassen. Wir haben nun die klarste Sternennacht. In dieser Höhe kann man mit bloßem Auge gefühlt das Zehnfache an Sternen sehen wie in einer klaren Nacht bei uns zu Hause. Das allen Astro-Laien bekannte Sternbild, welches wir den „Großen Wagen" nennen, steht auf dem Kopf. Ein ungewöhnlicher Anblick. Wir können nun viele Lichter der umliegenden Orte im Tal erkennen. In der Ferne sehen wir ein Gewitter. Auch eine neue Erfahrung. Wenn wir in Richtung Gipfel blicken sehen wir eine endlose Lichterschlange. Nicht abschätzbar wie viele heute den Gipfel erreichen wollen. Komischerweise war später dann oben auf dem Gipfelplateau relativ wenig los.

Daniel macht uns Mut: *„Bald geht die Sonne auf. Die ersten Sonnenstrahlen werden euch wieder Kraft bringen!"* Leider muss eine aus unserer Gruppe umkehren. Sie hatte schon die ganze Woche mit einer Erkältung bzw. einer leichten Grippe zu kämpfen und sie schaffte es leider nicht mehr weiter. Jetzt weiter in Richtung Gipfel zu gehen könnte Selbstmord sein. Ein Träger begleitet sie zurück ins Base-Camp. Weitere zwei Kollegen schwächeln ebenfalls etwas. Sie gehen noch langsamer als wir, pausieren noch öfter und bleiben, in Begleitung von zwei Trägern, weit hinter uns. Sie werden aber, etwas später als wir, den Stella Point erreichen. Und immer wieder kommen uns Touris in Begleitung eines Porters entgegen. Sie mussten aufgrund Erschöpfung kurz vor dem Ziel umkehren. Aber auch wir sind noch nicht oben. Die Situation könnte sich sehr schnell ändern und dann wäre der Traum vorbei!

Unsere Begleiter sind wie gewohnt gut drauf. Der Aufstieg scheint sie nicht sonderlich anzustrengen. Während wir nach Sauerstoff ringen singen sie fast ohne Unterbrechung ihre Lieder. Sie haben Spaß. Nur unser Bergführer scheint mir etwas angespannt. Es lastet doch die Verantwortung für die ganze Gruppe auf seinen Schultern. Wie mir Daniel während des Aufstieges erzählt singen seine Boys die Lieder nicht aus Spaß oder Zeitvertreib, sondern hauptsächlich sind es alte rituelle Volkslieder mit welchen Sie die Berggeister besänftigen wollen und den Berg ehren bzw. dem Berg ihre Ehrfurcht bekunden. Bittgesänge, ähnlich wie wir sie bei uns aus der Kirchenmusik kennen.

Übersetzung eines „Trägerliedes" / Textauszug:
„... *Kilimanjaro ist ein Berg der niemals endet.*
Und Mawenzi ist ein endloser Berg.
Du Schlange, warum belauerst du mich.
Umkreist mich, umschleichst mich, um mich zu verschmausen.
Willst mich wie Fleisch verschlingen, du endloser Berg. ... "

Sonnenaufgang in östlicher Richtung über dem Mawenzi

Endlich, um kurz nach 6 Uhr, wird es hell. Wir sehen einen herrlichen Sonnenaufgang in östlicher Richtung über dem Mawenzi. Zuerst erscheint die Silhouette des dunklen Mawenzi in düsterem Schwarz. Seine hohen scharfen Felszacken haben etwas Bedrohliches. Finstere Wolken ziehen schnell um den Gipfel. Nun kommen endlich die ersten Sonnstrahlen durch. Wir genießen ein prächtiges Farbenspiel vom düsteren Dunkel ins reinste Tageslicht. Schon steht die Sonne rot neben dem Mawenzi und die Bergflanke auf der wir uns gerade befinden reflektiert die Strahlen so das alles rund um uns herum rot und gelb leuchtet. Wir blicken auf eine riesige Wolkendecke welche über dem flachen Land liegt. Es schaut so aus als hätten wir Glück mit dem Wetter. Minütlich gewinnt die Sonne an Stärke. Und Daniel hatte Recht, sie gibt uns wieder neue Kraft. Und die brauchen wir auch. Daniel treibt uns sogleich an. Wir haben noch über 2 Stunden Aufstieg vor uns.

Kurz vor dem Stella Point. Die Steilheit des Geländes kann man auf diesem Foto etwas erahnen.

Blick zum Mawenzi. „Der Dunkle", macht seinem Namen alle Ehre.

Erstmals können wir einzelne kleinere Gletscherfelder und spitze schneeweiße Eissäulen sehen. Irgendwann sagt Daniel zu mir: *„Sieh hoch, dahinter ist Stella Point".* Ich dachte für mich: *„ ...na das haben wir ja dann gleich geschafft!"* Allerdings dauerte es von da an noch etwa eine Stunde bis zu der Bergkante! So kann man sich aufgrund der Dimension des Berges verschätzen. Nun ging es plötzlich Schlag auf Schlag. Um 8.00 Uhr erreichten wir den Stella Point in 5756 Metern Höhe. Ich konnte es nicht glauben dass ich es wirklich geschafft hatte. Mir hat es glatt die Sprache verschlagen. Ich suchte Schutz an einem nahen Felsen, lehnte mich mit dem Kopf voran an die rauhe Wand um mich vor dem Wind zu schützen. Ein paar Freudentränen konnte ich nun nicht mehr zurückhalten. Mir schossen tausend Gedanken durch den Kopf. Alles worauf ich jahrelang hin trainiert und hin gefiebert hatte war nun Realität geworden.

Als ich mich wieder gefasst hatte ging es zum Fotomachen an die Tafel am Stella Point. Die schon etwas ramponierte Tafel wackelte im Wind. Wir beglückwünschten uns nun gegenseitig zu unserem Erfolg und fielen uns freudig um den Hals. Zwischenzeitlich kamen auch unsere beiden Nachzügler an. Wir feuerten sie auf den letzten Metern an. Endlich waren alle da.

Blick vom Stella Point zum Uhuru Peak. Rechts der große Gipfelkrater.

An der Tafel am Stella Point. Wer es bis hierher schafft erhält bereits eine Urkunde von der Nationalparkverwaltung und hat offiziell den Kilimandscharo bestiegen.

Es herrscht schönstes Wetter. Eisig kalt aber sonnig und klar. Die Landschaft um uns herum war total kahl, steinig und staubig. Nur ganz vereinzelt liegen Schneereste in schattigen Mulden. Ich frage mich, während ich Fotos in alle Richtungen mache, ob es nicht schöner gewesen wäre wenn heute Schnee liegen würde? Wir blicken in den großen Gipfelkrater, der für einen Laien erst mal nicht als Vulkankrater erkennbar ist. Daniel zeigt uns in der Ferne unser eigentliches Ziel. Die Gipfeltafel am Uhuru Peak ist mit bloßem Auge gut zu erkennen. Langsam marschieren wir los. Es ist sehr windig. Jeder darf nun für sich alleine gehen. Der Anstieg ist meist flach, nur wenige niedrige Felsstufen sind zu meistern. Für die gut 150 Höhenmeter benötigen wir aber fast noch eine Stunde. Daniel achtet darauf dass wir, die wir nun von unbekümmerter Euphorie angetrieben werden, das letzte, nur scheinbar „leichte" Stück des Weges, ja nicht zu schnell angehen. So mancher hat hier schon auf den letzten Metern schlapp gemacht und musste dann zurück getragen werden! Das sehr langsame Gehen hat auch den Vorteil dass man ganz nebenbei die schöne Aussicht genießen kann.

Blick zurück zum Felsen am Stella Point. Noch verdeckt eine dichte Wolkenschicht die Aussicht aufs weite Flachland. Kurz darauf reißt die Wolkendecke auf und wir haben gute Fernsicht.

Die großen Gletscher welche während des Aufstieges links von uns liegen, sind der Ratzel-, Rebmann- und der Decken-Gletscher. Vom Uhuru-Peak aus hat man zudem einen guten Blick auf den Kersten-Gletscher, sowie hinüber zum Furtwängler-Gletscher, welcher etwa in nordwestlicher Blickrichtung am Rande des Gipfelkraters liegt. Die Gletscher sind wirklich sehr beeindruckend. Senkrecht ragen sie, geschätzt 30 bis 40 Meter, in die Höhe. Wir können sie aber nur aus der Ferne betrachten. Für den Weg zu den Eisriesen Hin und zurück haben wir nicht die Zeit. Und auch nicht die Kraft! Die Gletscherfläche auf dem Gipfel ging seit der Erstbesteigung durch den deutschen Hans Meyer und dem Österreicher Ludwig Purtscheller, im Jahr 1889, um ca. 90% zurück. Von den ursprünglichen ca. 20 Quadratkilometern im Jahr 1889 sind heute nur noch gut 2 Quadratkilometer vorhanden. Die Forscher gehen davon aus dass schon in wenigen Jahren die restlichen Gletscher ganz verschwunden sein werden.

Unaufhaltsam kommen wir „Pole Pole" nach fast einer Woche dem, im wahrsten Sinne des Wortes „Höhepunkt" unserer Reise, näher. Endlich, gegen 8.45 Uhr erreichen wir, erschöpft aber glücklich, den höchsten Punkt des Kontinents, den Uhuru Peak. Es herrscht reger Betrieb, fast Gedränge um die berühmte Gipfeltafel. Eine Gruppe Japanischer Berg-Touristen beansprucht erst mal den Gipfel für sich um dort, ein gefühlt endlos dauerndes Fotoshooting abzuhalten. Noch regen wir uns darüber auf, werden es ihnen aber im Anschluss gleich tun! Doch nach uns ist keine Gruppe mehr in Sicht welche dann warten müsste. Wir bleiben noch etwas auf Abstand und nutzen die paar Minuten um durchzuatmen so gut es geht.

Um 8.50 Uhr erreichen wir dann offiziell den Gipfel des Mount Kilimandscharo. Ein unbeschreiblicher Moment. Vergessen sind alle Strapazen der vergangenen Stunden und Tage. Der Uhuru Peak, der Gipfel der Freiheit, macht seinem Namen alle Ehre. Ein magisches Gefühl von Freiheit, Leichtigkeit, Freude und Stolz durchläuft meinen Körper. Wir beglückwünschen uns gegenseitig zum Gipfelerfolg. Ob meine Gänsehaut von dem Gefühl herrührt oder von den eisigen Minustemperaturen kann ich leider nicht mit Gewissheit sagen! Ich genieße den 360 Grad Rundblick. Es herrscht beste Fernsicht bei strahlendem Sonnenschein, aber eisigem starkem Wind, der irgendwie immer daher zu kommen scheint, in welche Richtung man gerade blicken will. Das bewusste Atmen sollte man nun ja nicht vergessen, sich weiterhin nur langsam bewegen und nicht übermütig werden.

„Gipfelglück" – Am Uhuru Peak, dem Gipfel der Freiheit.

Die Gletscher glänzen prächtig in der Sonne. Ein unbeschreibliches helles weiß. Wir genießen die gute Sicht ins Tal. Die dichte Wolkendecke von heute Morgen ist fast verschwunden so dass wir die Städte Moshi und Marangu gut erkennen können. Die Weißblechdächer unzähliger Hütten im Tal reflektieren das Sonnenlicht zu uns herauf. In Blickrichtung Westen kann man die Silhouetten der Berge um den Ngorongoro-Krater erkennen. Gute Sicht hat man auf die endlose Savanne aus der sich in Blickrichtung Südwesten der Mount Meru majestätisch erhebt. Natürlich hat man auch einen sehr guten Blick auf den zerklüfteten, allzeit dunkel wirkenden, Mawenzi. Beeindruckend ist ebenso der direkte Blick hinein in den riesigen Gipfelkrater. Etwa 150 Meter geht es direkt neben der Gipfeltafel steil, fast senkrecht, nach unten bis zum Kraterboden. Ansonsten gleicht hier oben alles einer kargen Mondlandschaft. Auf der gegenüberliegenden Seite, etwa in nördlicher Richtung, kann man den zweiten großen Gipfel Krater, den „Reusch-Krater" (5.835 M.) in seiner fast runden Form gut erkennen. Dort liegt jedenfalls Schnee. Hineinschauen kann man aber von hieraus nicht. Die runde Vertiefung darin, die so genannte Aschengrube, hat eine Tiefe von über 150 Metern.

Die mächtigen Gletscher erscheinen zwar sehr nah – sind aber auf die Schnelle unerreichbar.

Blick über den großen Krater zum Furtwängler-Gletscher.

Wie schon kurz erwähnt ist es in der großen Höhe in der man sich befindet nicht so einfach „mal schnell von hier nach da" zu gehen. Das Gipfelplateau, mit einer ungefähren Ausdehnung von 2 x 2,5 km, kann man keinesfalls in der kurzen Zeit umwandern, oder mal spontan in den großen Krater absteigen, oder zu einem Gletscher gehen. Wenn überhaupt, dann müsste so ein Vorhaben von vornherein eingeplant werden und auch zeitlich ins Konzept passen. Für eine Kratertour muss man normal einen ganzen Tag einplanen und dann wird auch am Gipfel, im Krater-Camp, übernachtet. Sonst müsste man im Dunkeln absteigen und hätte auch lange Zeit keine Ruhephase.

Nun geht's noch daran Erinnerungsfotos zu schießen. Es folgen zahlreiche Einzel- und Gruppenaufnahmen. Mit Bergführer, ohne Bergführer usw. usw., da waren die Japaner auch nicht viel schlimmer! Meinen Versuch mit einer extra angefertigten Flagge mit der Bayernraute und dem Wappen meiner Heimatgemeinde vor der Gipfeltafel zu posieren gebe ich nach wenigen Augenblicken wegen des Starken Windes auf.

Blick in den Gipfelkrater vom Uhuru Peak in Richtung Stella Point. (Spitzer Felsen, ca. Bildmitte)

Traditionell nehme ich mir von jedem Berggipfel den ich besteige einen Stein als Andenken mit. Dies machte ich hier am Kilimandscharogipfel natürlich genauso. Ich sammelte sogar jede Menge schön geformter Lavasteine und packte sie in meinen Rucksack. Wenn ich mich nach den Steinen bücke ist dies in dieser Höhe etwa ein Gefühl wie wenn man einen leichten Rausch hat. Bei jedem bücken wird mir leicht schwindlig! Plötzlich treffe ich einen „alten" bekannten, meine kleinen Trägerfreund Jack. Er ging uns einfach ganz alleine nach auf den Gipfel. Er ist heute zum zweiten Mal oben wie er mir erzählte. Jack hilft mir sogleich beim Steine sammeln. Leider war die mühsame Arbeit umsonst. Die Steine wurden mir am Kilimandscharo-Airport allesamt abgenommen. Alles verhandeln und alle Bestechungsversuche schlugen fehl. Es ist nämlich gesetzlich verboten „Fossilien" aus Tansania auszuführen. Der Grund dafür ist der sehr wertvolle „Tansanit", ein blauer Edelstein, welcher auch rund um den Kilimandscharo vorkommt. Damit soll verhindert werden das Touristen Zufallsfunde außer Landes bringen können. Nun habe ich ausgerechnet vom Kilimandscharo keinen Stein in meiner Sammlung. Sehr ärgerlich!

Mein kleiner Porter-Freund Jack half mir beim Steine sammeln. Die Anstrengung war leider umsonst!

Blick zum Stufengletscher

Nach etwa 40 Minuten am Gipfel treten wir den Rückweg zum Stella Point an. Dort machten wir nochmals eine kurze Pause und dann begannen wir mit dem Abstieg. Dieser war für mich alles in allem sehr anstrengend. Vulkansand war nun nicht mehr gefroren sondern lose. Man rutsche ständig unfreiwillig ab und man musste sehr vorsichtig sein um nicht über eine Felskante zu rutschen. Die Knie schmerzen. Unsere Gruppe löst sich irgendwie auf. Jeder geht für sich alleine, trottet stupide bergab. Jeder ist einfach müde und fertig und will nur noch eins, runter ins Tal und endlich wieder normal atmen. Wie wir später im Base-Camp erfahren ist heute jemand aus einer anderen Gruppe beim Abstieg abgerutscht und hat sich dabei ein Bein gebrochen. Die Porter trugen ihn erst zurück ins Base-Camp und von da an ging´s auf einer provisorisch zusammengebauten Trage aus Ästen und Stöcken zurück ins Tal. Es wurden insgesamt 8 Träger aus verschiedenen Expeditionen rekrutiert, damit diese sich beim Tragen abwechseln konnten. Das war bestimmt kein Spaß.

Der Rückweg zieht sich. Mein kleiner Freund Jack war auf Anweisung von Daniel bereits ins Base-Camp vorausgeeilt und kam uns nun wieder entgegen, beladen mit 2 Kanistern voller Orangensaft! Ich setze mich auf einen Stein und trinke den Orangensaft. Erst ein Glas, dann ein zweites, dann ein drittes, … ich weiß nicht mehr wie viele Gläser es letztendlich waren. Jedoch kann ich beschwören, dass dies der beste Orangensaft war den ich jemals getrunken hatte.

Jack auf dem Rückweg zum Base-Camp.

Etappeninfo:
Start in 4.673 Metern Höhe. Gehzeit 11 – 12 Stunden.
Höhenmeter 2.400.
Anspruchsvolle Gipfeltour, langer Auf- und Abstieg. Wenig
Schlaf.

Tipp zum Tag:
Beim Abstieg vom Uhuru Peak zum Base-Camp unbedingt
Gamaschen anziehen. Sie verhindern dass der feine Lava-
Sand in die Schuhe eindringt.

Vom Barafu-Camp zum Millenium-Camp

Nach über 4 Stunden erreichen wir wieder das Barafu-Camp. Nach einer kurzen Erfrischung und Katzenwäsche haben wir eine Stunde Zeit zum Ausruhen oder Schlafen bevor wir um 15.00 Uhr weiter absteigen wollen. Jackson und Isaac benötigen später mehrere Versuche bis sie uns alle wieder aus den Zelten bringen. Doch es hilft nichts. Noch während wir uns fertig anziehen beginnen die Porters schon mit dem Abbau der Zelte. Jackson versorgt uns noch mit frischem Kaffee und Tee und dann stapfen wir los. Unser Ziel ist das Millenium-Camp auf 3.950 Metern Höhe. Das wären dann Summa Summarum über 2.000 Höhenmeter innerhalb eines Tages steil bergab. Wir gehen schweigend, mehr schlummernd als wach, durch die Steinwüste. Wir haben keine Kraft um die Schönheit der Landschaft wahrzunehmen. Vom Abstieg gibt es auch fast keine Fotos, jeder kleinste Handgriff war mir zu Mühsam! Nebel, Regen und Schneeschauer wechseln sich während unseres Marsches ab.

Abstieg zum Millenium-Camp. Wir schweben wie im Halbschlaf bergab und sind kraftlos, aber schon wieder etwas besser drauf.

Endlich sehen wir wieder die ersten Sträucher. Das Atmen fällt mit jedem Schritt bergab leichter. Als wir gegen 18.00 im Millenium-Camp ankommen herrscht schönstes Wetter. Um 18.30 Uhr lädt Jackson zum Abendessen. Plötzlich setzt Starker Regen ein. Der Wind weht so stark das wir das Zelt festhalten müssen. Wasser tropft durchs Zeltdach aufs Essen. Nach einer Stunde ist der Sturm samt Wolkenbruch vorbei. Der Boden im Lager ist nun aufgeweicht und schlammig. Entsprechend sehen unsere Schuhe aus. Da haben wir Glück gehabt das uns dieses Wetter nicht früher erreicht hat als wir noch unterwegs waren. Tja, das Wetter am Kilimandscharo ist und bleibt ein Chamäleon.

Unser „letztes Abendmahl" am Berg. Kurz darauf gab es einen heftigen Regensturm.

In dieser letzten Zeltnacht kann ich sehr gut schlafen. Wohl aufgrund des Schlafmangels der letzten beiden Tage. Alles in allem waren die Nächte im Zelt aber eher unruhig oder vielmehr unbequem. Gründe dafür waren aus meiner Sicht hauptsächlich die Kälte und der harte Untergrund – trotz der entsprechenden weichen Unterlagen. Rein Lärm- oder

Geräuschtechnisch waren die Nächte aber extrem leise. Außer dem Wind der manchmal am Zelt rüttelte und dem Schnarchen der Zeltnachbarn war es nachts immer absolut still. Ein Genuss für die Sinne.

Blick zurück zum frisch verschneiten Kibo-Gipfel früh morgens im Milllenium-Camp

Etappeninfo:
Start in 4.673 Metern Höhe. Höhenmeter 750. Gehzeit 2 – 3 Stunden. Höhenmeter sind rein Abwärts.

Tipp zum Tag:
Bei dieser Etappe nach der anstrengenden Gipfel-Tour so viele Ausrüstungsgegenstände wie nur möglich von den Porters tragen lassen. Es wird während der Tour nicht mehr gewogen, es ist also kein Problem wenn mal ein paar Kilo mehr im Gepäck der Porters landen.

Vom Millenium-Camp zum Mweka-Gate

Montag, 30. Januar 2017. Jackson und Isaac wecken mich um sechs Uhr. Ich genieße den letzten dampfenden Kaffee im Zelt – schwarz wie immer! Der Regen gestern Abend hat tiefe Furchen im Lagerboden ausgespült. Ein paar kleine Rinnsaale fliesen noch durchs Lager. Ansonsten ist alles weitgehend wieder trocken. Um 7.00 Uhr ist entspanntes Frühstück, jeder ist wieder gut drauf und einigermaßen erholt. Das Wetter ist gut, blauer Himmel. Wir genießen den eindrucksvollen Aufblick zum Kibo-Gipfel und hinüber zum Mawenzi. Oben hat es nachts geschneit, der gesamte Kibo präsentiert sich uns heute Morgen schneebedeckt. Wir hatten wirklich sehr großes Glück mit dem Wetter bei der Gipfelbesteigung.

Beim Abmarsch aus dem Millenium-Camp zeigt sich der Kibo mit weißer Wolkenhaube.

Um 7.45 Uhr beginnen wir mit dem letzten Stück unserer Tour. Bis zum Mweka-Gate sind es nochmals über 2.000 Höhenmeter. Zu Beginn sind die Pfade in der Heide- und Hochmoorlandschaft sehr schlecht und steinig. Viele hohe Felsstufen von ein bis ca. drei Metern Höhe sind zu überwinden. Teilweise steige, oder vielmehr klettere, ich diese rückwärts hinab. Meine Knie werden nochmals stark belastet. IBU hilf! Wir bleiben oft stehen und genießen den Ausblick ins Tal sowie zurück zum Kibo-Gipfel und zum Mawenzi. Die Artenvielfalt der Botanik nimmt langsam wieder zu, es wird wieder grün.

Rückkehr in die Buschzone. Wir bleiben oft stehen, denn an manchen Stellen hat man eine sehr gute Aussicht auf den Gipfel.

Mit jedem Schritt bergab fällt das Atmen wieder leichter.

Die Gruppe geht sehr entspannt. Man merkt wirklich wie mit fast jedem Höhenmeter den man absteigt das Atmen wieder leichter fällt. Wir kommen allmählich zurück in den Regenwaldgürtel. Die Wege werden nun allgemein etwas flacher. Die flachen Pfade im Regenwald sind zum großteil stufenartig befestigt. Als Stufenkante wurden Rundhölzer verwendet. Hier muss man besonders aufpassen, da diese sehr rutschig und glatt sein können. Daniel erzählt dass sich bei seiner letzten Tour ein Träger hier bei einem Sturz das Becken gebrochen hat. Von unserer Gruppe stürzen auch einige, zum Glück gab´s aber außer ein paar blauen Flecken keine Verletzungen. Immer wieder blockieren umgestürzte Bäume die Wege, welche man mühsam übersteigen oder umgehen muss.

Wir sind nun wieder im dichten Dschungel angekommen. Es wird spürbar wärmer. Die Botanik ist großartig. Riesige Farnkräuter, Feigenbäume und Steineiben können wir bewundern. Auch viele kleine Äffchen und Horden von Pavianen kreuzen unseren Weg. Daniel zeigt uns einen Baumschliefer. Wir hätten den selber nie entdeckt. Später sehen wir als Highlight noch ein kleines Chamäleon. Irgendwann am späten Vormittag kommen wir Mweka-Camp, welches auf 3.100 Metern Höhe liegt, an. Wir machen Rast, essen eine Kleinigkeit und können uns etwas erfrischen. Das gesamte Lager macht im Vergleich zu allen anderen einen etwas desolaten, unsortierten Eindruck. Den Zustand der Toiletten will ich lieber nicht beschreiben. In Punkto Sauberkaut muss ich aber wirklich sagen, dass es im Gegensatz zu den Städten und Dörfern durch welche wir hindurch kamen, im Kilimandscharo Nationalpark sehr sauber war. Es liegt keinerlei Müll an den Wegen. Auch in den Zeltlagern gibt es keine stinkenden Müllhalden. Jede Gruppe muss den Abfall den sie produziert wieder mitnehmen. Die Campingtoiletten können in den großen Toilettenhäusern in den Camps entleert werden. Die Toilettenhäuser sind halt wie sie sind - auf jeden Fall aber „gewöhnungsbedürftig", werden aber zumindest regelmäßig gereinigt. Erst am Ende der Tour, kurz vor dem Mweka-Gate, sahen wir in einiger Entfernung einen größeren Müllberg. Hier laden die Träger den Restmüll von den einzelnen Expeditionen ab, dieser wird dann „irgendwann" abgeholt.

Die spitzen Zacken des Mawenzi kann man noch lange am Horizont sehen.

„Geschafft" – Im wahrsten Sinne des Wortes!
Beim Mweka-Gate endet unsere 8-Tägige Tour.

Nun wird es schwül warm. Es tropft von den Bäumen, der Boden dampft. Der Weg bis zum Gate zieht sich, die Beine sind wie Blei so schwer. Endlich, gegen 14.00 Uhr kommen wir am Mweka-Gate auf 1.790 Metern Höhe an. Hier endet offiziell unsere Kilimandscharo Tour. Wir stellen uns, schlapp wie wir sind so gut es geht, zum letzten Erinnerungsfoto auf. Ein letzter Eintrag im Tourenbuch an der Rangerhütte. Es gibt Bier! Endlich, nach einer Woche nur mit Wasser, Kaffee und einigen Tassen des schwarzen Tees, ein kühles Bier. Ungewollt – oder vielleicht Reflexartig - trinke ich das erste Seidel gleich auf Ex aus. Wir gönnen uns sogleich noch ein zweites. 2 Dollar, da kannst nicht meckern. Wir hätten aber auch gerne mehr bezahlt.

„Endlich wieda wos g´scheid´s!"
Ein Genuss, nach einer Woche Wasser, Kaffee und Tee.

Im Mweka-Gate geht´s lebhaft zu. Die Busse werden für den Rücktransport fertig beladen. Jede Menge Souvenirhändler bieten ihre Utensilien an. Sie sind sehr aufdringlich. Man muss schon rigoros sein um sie wieder los zu werden. Dann geht die Busfahrt los. Den Driver kennen wir schon von letzter Woche. Direkt außerhalb des Gates beginnen die Kaffeeplantagen welche rund um Moshi liegen. Etwa eine dreiviertel Stunde dauert die Fahrt durch das Straßengewirr von Moshi bis zum Büro unseres Tourbüros vor Ort, K.A.T. (Kilimandscharo Activ Tours). Das Büro liegt in einer ruhigen Gegend, ist eingefasst mit einer hohen Mauer. Die Anlage ist sauber. Große Bäume spenden wohltuenden Schatten in dem großen Garten. Es findet ein Meeting aller Beteiligten statt. Alle unsere 37 Helfer sind da und erwarten ihren Trägerlohn.

Der Koch gibt nochmal alles, es gibt Gulasch mit Nudeln u. Reis, dazu noch Bohnen, Kartoffeln und diverse Salate. Unsere Trinkgelder, welche jeder von unserer Gruppe, in einem Umschlag an Daniel übergeben hat, werden anschließend öffentlich gezählt und aufgeteilt. So das nichts unterschlagen werden kann. Ich glaube keiner von uns hat sich bei der Höhe vom Trinkgeld lumpen lassen. Jeder wollte die großartige Leistung unserer Träger entsprechend honorieren. Alle sind zufrieden. Jeder der Träger bedankt sich persönlich mit Handschlag bei uns.

Von der Agentur bekommt ein Träger als Standardlohn etwa 4 USD pro Tag. Der Koch erhält 8 USD. Unsere 3 Begleiter John, Peter und Richard sowie unser Bergführer Daniel erhalten natürlich etwas mehr. Nach der Geldausgabe singen die Porters mehrere ihrer Lieder. Im Anschluss überreicht uns Daniel die Urkunden von der Nationalparkverwaltung. Stolz nehmen wir diese entgegen.

Danach verabschieden wir uns von den Trägern. Besonders herzlich verläuft der Abschied zu den Porters die ich persönlich etwas näher kennenlernen durfte. Koch Jackson und sein Jumper Isaac, mein kleiner Träger-Kumpel Jack, sowie natürlich John, Richard u. Peter. Zum Abschied gibt man sich nicht die Hand sondern stößt mit der Faust aneinander, dann die Faust zum Herzen und dann die Faust zum Himmel. Ein schöneres Ritual mit viel mehr Tiefgang wie unser altmodischer europäischer Handschlag.

Die Urkunde der Nationalparkverwaltung erhielt natürlich einen Ehrenplatz.

Etappeninfo:
Start in 3.950 Metern Höhe. Höhenmeter 2.150, rein Abwärts.
Gehzeit 6 – 7 Stunden.
Lange Wegstrecke.

Tipp des Tages:
Während der Tour sollte man sich innerhalb der Gruppe absprechen wegen der Höhe des Trinkgeldes. Es kann zwar niemand prüfen wie viel jeder einzelne dann tatsächlich in den Umschlag steckt, aber man sollte sich auf einen Mindestbetrag einigen. Vorausgesetzt alles hat gut geklappt.

Mit den Souvenirhändlern, welche sehr aufdringlich sind, keine Diskussionen anfangen. Es darf gehandelt werden. Niemals gleich den erst genannten Preis für ein Produkt bezahlen. Ein klares „yes" oder „no" genügt. Nicht mit mehreren gleichzeitig verhandeln.

Zurück zur Kaliwa Lodge

Nun geht es zurück zur Kaliwa Lodge. Auf einer langgezogenen, sehr breiten Straße, bittet plötzlich Daniel den Busfahrer anzuhalten. Daniel steigt aus und begrüßt unter den vielen Menschen eine Frau, welche wie hier üblich einen Korb auf ihrem Kopf trägt. Sie ist gut und sauber gekleidet. Er hält einen kurzen Plausch auf der belebten Straße mit ihr. Der Busfahrer erklärt uns dass dies Daniels Mutter ist. Welch ein schöner Zufall. Mitten in dem unüberschaubaren Gewirr unzähliger Menschen, Autos, Mopeds, Fahrrädern, Eselfuhrwerken und sonstigen Vehikeln, seine Mutter zu finden und treffen zu können. Gegen 17.30 Uhr kommen wir in unserer Lodge an und genehmigen uns sofort ein kühles Bier an der Theke.

Am Abend in der Kaliwa-Lodge.

Dann endlich duschen - nach über einer Woche Katzenwäsche im oder vor dem Zelt! Einfach ein Traum. Während des Duschens bekomme ich schon ein schlechtes Gewissen weil ich so lange darunter stehe. Warmes Wasser ist aber kein Problem, die Sonne wärmt es praktisch kostenlos. Meine Bergschuhe, welche ich zum auslüften vor die Türe stellte, sind plötzlich frisch geputzt, sehen fast aus wie neu. Ich frage eine Bedienstete wer das gemacht hat. Normal soll man das nicht machen und einem einzelnen Bediensteten Trinkgeld geben, aber in dem Fall steckte ich dem Schuhputzer zwei Dollar zu. Er freute sich sehr. Ich finde er hat es verdient.

Frisch geduscht, rasiert und gestriegelt führt mich mein erster Gang hinunter zur Terrasse über dem Urwald. Mein Gang ist etwas wacklig und leicht eiernd. Es ist einfach momentan ungewohnt, nach über einer Woche am Berg, wieder auf einer geraden Fläche zu laufen. Gleichzeitig fühle ich mich als ob ich fliege, da ich meine leichten Schlappen nach 8 Tagen in den Bergschuhen kaum spüre. Vor einer Woche stand ich auch hier und blickte mit einem flauen Gefühl hoch zum Kibo-Gipfel, unwissend was mich dort oben alles erwarten würde. Nun stehe ich wieder hier und blicke hoch. Diesmal mit einem Gefühl von Stolz, Gelassenheit, Zufriedenheit und Freude. Freude darüber dass ich es geschafft habe, dass ich es überhaupt getan habe und dass ich gesund wieder runter gekommen bin. Ich genieße den Blick und die friedliche, feierliche Abendstille, noch solange bis die Dunkelheit sich über das Tal legt und die Silhouette des mächtigen Kibo endgültig im Schwarz der Nacht verschwindet.

Und während ich ein wenig wehmütig den mit Fackeln hell erleuchteten Pfad zurück zur Lodge gehe, kommen mir ein paar von Hemingways berühmten, wohlklingenden Zeilen in den Sinn, welche so ungefähr lauten: „...und Compie drehte sich um, zeigte grinsend nach vorn, und sah, so weit wie die ganze Welt, so riesenhaft und hoch und unglaublich weiß in der Sonne, den breiten Gipfel des Kilimandscharo. Und dann wusste er, das war der Ort, an den er ging." ... und ich glaube ich kann sie nun ein bisschen besser verstehen.

Mit dieser Szene endet die Story von meiner Tour auf den Mount Kilimandscharo.

Ich danke an dieser Stelle jedem einzelnen Leser/in der/die durchgehalten hat und bis hierher meinen Reisebericht gelesen hat. Dank an alle die mich bei meiner Tour unterstützt haben, besonders an meine Familie. Besonderer Dank auch an unseren Bergführer Daniel sowie die 8 Kameraden/innen die mit mir zusammen auf Tour waren.

Ich hoffe ich konnte allen Interessierten, welche vielleicht gerade ihre eigene Kilimandscharo-Tour planen, nützliche Infos und Tipps geben. Das wichtigste ist, nehmt es nicht auf die leichte Schulter, bereitet euch lange und ausgiebig darauf vor, dann schafft ihr es im Normalfall auch.

In der Zeit nach meiner Rückkunft bekam ich zahlreiche positive Rückmeldungen. Im Vorfeld hatte ich meinen Plan nämlich weitestgehend geheim gehalten, so dass viele meiner Bekannten erst bei meiner Abreise von der Tour erfahren haben. Ein Bekannter sagte mir nach meiner Rückkehr dass es auch schon immer sein Traum gewesen sei den Kilimandscharo zu besteigen. Und er ärgere sich bis heute das er es nicht gemacht hat. Und deshalb sage ich abschließend an euch alle: *„Träume die man sich nicht erfüllt, werden immer Träume bleiben."*

In diesem Sinne wünsche ich allen die irgendwann zum Kilimandscharo aufbrechen werden einen guten Tourverlauf mit Gipfelerfolg und gesunde Wiederkehr. Grüßt mir „Papa Kili" und lasst euch den „Tee am Kilimandscharo" schmecken.

Ein letzter Gruß an „Papa Kili" vom Flugzeugfenster aus.
(links der Mawenzi-Gipfel)